AF391820

MÉMOIRES ORIGINAUX

DES

CRÉATEURS DE LA PHOTOGRAPHIE

CHARTRES. — IMPRIMERIE DURAND, RUE FULBERT.

MÉMOIRES ORIGINAUX

DES

CRÉATEURS

DE LA

PHOTOGRAPHIE

NICÉPHORE NIEPCE, DAGUERRE

BAYARD, TALBOT

NIEPCE DE SAINT-VICTOR, POITEVIN

ANNOTÉS ET COMMENTÉS

PAR

R. COLSON

Capitaine du Génie

Répétiteur de physique à l'École polytechnique

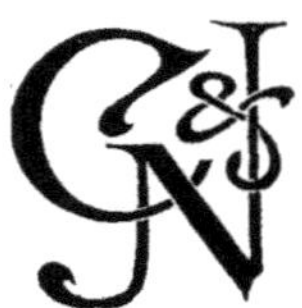

PARIS

GEORGES CARRÉ ET C. NAUD, ÉDITEURS

3, RUE RACINE, 3

1898

PRÉFACE

Les principes des différentes branches de la photographie, qui apporte aujourd'hui une aide si précieuse aux sciences expérimentales et aux arts, ont été établis par six fondateurs : Nicéphore Niepce, Daguerre, Bayard, Talbot, Niepce de Saint-Victor, Poitevin ; ce qu'ils ont découvert ou inventé, perfectionné et développé par leurs successeurs, forme le fond des procédés actuels.

Mettre le lecteur en communion intime avec la pensée ardente qui a guidé ces grands hommes ; montrer l'enchaînement des idées, la suite des efforts, qui les ont amenés progressivement de la conception à la réalisation ; faire ressortir la puissance du travail mis au service de la perspicacité, de la persévérance et de la volonté ; tel est le but que je me suis proposé en réunissant et en commentant des documents originaux jusqu'ici épars et très peu connus.

L'examen des textes authentiques permet, en même temps, d'éviter aux chercheurs bien des essais, de rectifier bien des erreurs et de combler bien des lacunes ; on en trouvera ici les éléments, que j'ai exposés dans des conférences faites en février-mars-avril 1897 à la Société française de Photographie.

Après une introduction, destinée à indiquer la situation avant Nicéphore Niepce, un chapitre est consacré à l'œuvre de chacun des six créateurs ; un dernier chapitre résume les grandes lignes des transformations qui ont abouti à l'état actuel, et embrasse dans un coup d'œil d'ensemble les principaux procédés, formant ainsi une sorte d'épilogue aux premières grandes conquêtes de l'homme sur la lumière.

Cet ouvrage est à la portée de tous et offre un mode d'enseignement de la photographie, le meilleur peut-être, car il pénètre dans le fond de la question en suivant pas à pas la marche même de l'esprit humain au travers des difficultés vaincues.

INTRODUCTION

Comme la plupart des grandes inventions, la photographie n'est pas née tout d'une pièce dans le cerveau d'un seul homme ; elle a été précédée d'observations et d'expériences isolées, qui révélaient ou utilisaient la sensibilité de certaines substances à la lumière, mais sans réaliser cet ensemble complet de moyens qui assure le résultat et qui constitue un *procédé*.

La substance qui, non pas la première, mais certainement la plus sensible, attira surtout l'attention dans cette période préparatoire, est le chlorure d'argent.

En 1565, l'alchimiste Fabricius en connaissait la propriété de brunir à la lumière ; c'était alors l'*argent corné*, ainsi dénommé à cause de l'aspect, semblable à celui de la corne, que présente cette substance lorsqu'elle se prend en masse après avoir été soumise à la fusion. Plus tard, en 1777, le chimiste suédois Scheele observa que l'action de la lumière n'est pas la même pour les rayons de différentes couleurs qui composent le spectre, et augmente progressivement de l'extrémité rouge à l'extrémité violette.

Puis, le physicien français Charles eut l'idée, vers 1780, d'utiliser dans son cours la sensibilité d'un papier enduit de ce composé pour y faire dessiner des silhouettes par la lumière ; les ombres restaient blanches tandis que les parties éclairées prenaient une teinte foncée.

Nous arrivons ainsi à un réel progrès, effectué par deux

Anglais : le fabricant de poteries Wedgwood, et le célèbre chimiste sir Humphry Davy.

Le travail de Wedgwood fut publié en 1802, dans *Journal of the Royal Institution of Great Britain*, par Davy, qui y ajoutait ses observations personnelles. La matière sensible dont ils se servaient était le nitrate ou azotate d'argent, indiqué à Wedgwood par un de ses amis. Voici ce document, le premier qui se rapporte à la copie d'objets dans des conditions précises, et qui revête un caractère indiscutable d'authenticité ; il mérite de trouver place ici en raison de l'intérêt qu'il offre au point de vue historique.

Essai d'une méthode pour copier les tableaux sur verre et pour faire des profils, par l'action de la lumière sur le nitrate d'argent, par T. Wedgwood, Esq., avec des observations par sir Humphry Davy (1).

« Du papier ou du cuir (peau) blanc mouillé avec une solution de nitrate d'argent, ne subit aucune modification lorsqu'on le conserve dans l'obscurité ; mais si on l'expose à la lumière du jour il change rapidement de couleur, et, après avoir passé par différentes teintes de gris et de brun, il devient finalement à peu près noir.

« Les altérations de la couleur se produisent avec une rapidité proportionnelle à l'intensité de la lumière. Sous l'action directe du soleil, deux ou trois minutes suffisent pour produire pleinement l'effet ; à l'ombre il faut plusieurs heures, et la lumière transmise par des verres diversement colorés agit avec des degrés différents d'intensité. On a trouvé que les rayons rouges ou la lumière ordinaire traversant un verre de cette couleur ont très peu d'action ; le jaune et le vert sont plus efficaces, mais la lumière bleue ou violette est celle qui produit les effets les plus décidés (2).

---

(1) Traduction publiée dans le *Bulletin de la Société française de Photographie*, octobre 1857.

(2) « Les faits ci-dessus mentionnés sont analogues à ceux observés par Scheele, il y a longtemps et confirmés par Senebier. Scheele a trouvé que,

« La considération de ces faits nous permet de comprendre aisément la méthode par laquelle les lignes et les ombres de tableaux sur verre peuvent être reproduites, ou par laquelle on peut se procurer des profils au moyen de l'action de la lumière. Quand une surface blanche couverte avec une solution de nitrate d'argent est placée derrière un tableau sur verre exposé à la lumière solaire, les rayons transmis à travers les parties diversement colorées de la surface donnent des teintes distinctes de brun et de noir, différant sensiblement en intensité suivant les ombres du tableau, et là où la lumière n'était pas altérée, la couleur du nitrate a atteint le maximum d'intensité.

« Quand l'ombre portée d'une figure tombe sur une surface préparée, la partie de cette surface qu'elle cache reste blanche, tandis que les autres parties noircissent rapidement. Pour copier des tableaux, la solution doit être appliquée sur du cuir, et dans ce cas elle est impressionnée plus rapidement que lorsqu'on fait usage du papier. Quand la couleur a été une fois fixée sur le cuir ou le papier, elle ne peut plus être enlevée par l'eau ou l'eau de savon, et elle a un caractère de grande permanence.

« Une copie de tableau ou un profil, immédiatement après qu'ils ont été obtenus, doivent être conservés dans l'obscurité ; on peut à la rigueur les examiner à l'ombre, mais dans ce cas l'exposition ne doit être que de quelques minutes ; à la lumière des chandelles ou des lampes qu'on emploie habituellement ils ne subiront pas d'altération sensible.

« Les essais entrepris jusqu'ici pour empêcher les parties non colorées de la copie ou du profil d'être ensuite impressionnées par la lumière n'ont pas eu de succès ; on les a recouvertes d'une couche mince de beau vernis, mais cela ne leur a pas enlevé la faculté de se colorer ; et souvent, après

---

dans le spectre fourni par un prisme, l'effet produit par les rayons rouges était très faible et difficile à saisir, tandis que les rayons violets le noircissaient rapidement. Senebier établit que le temps nécessaire pour noircir le chlorure d'argent est avec les rayons rouges 20 minutes ; oranges, 12 ; jaunes, 5′ 30″ ; verts, 37 secondes ; bleus, 29 secondes ; et enfin les violets, 15 secondes seulement. (Senebier, *Sur la lumière*, vol. III, page 199.) » (Note de H. Davy).

des lavages répétés, il reste encore dans les parties blanches du cuir ou du papier une quantité suffisante de la partie active de la matière saline pour les faire noircir lorsqu'elles sont exposées aux rayons du soleil.

« Outre les applications de cette méthode de copie qui viennent d'être mentionnées, il en existe beaucoup d'autres ; elle peut être employée pour obtenir le dessin de tout objet possédant une texture partiellement opaque et partiellement transparente. Les fibres ligneuses des feuilles, les ailes des insectes, peuvent être parfaitement représentées par ce moyen, et dans ce cas il est seulement nécessaire de les faire traverser par la lumière directe du soleil et de recevoir les ombres sur un cuir préparé.

« Quand les rayons solaires ont traversé une empreinte pour venir tomber sur un papier préparé, les parties non ombrées sont lentement reproduites, mais les blancs transmis par les parties ombrées sont rarement assez définis pour en donner une ressemblance distincte en produisant des intensités différentes de couleur.

« Les images formées au moyen de la chambre obscure ont été trop faibles pour produire, en un temps modéré, un effet sur le nitrate d'argent. Copier ces images, tel a été d'abord le but de M. Wedgwood dans ses recherches sur ce sujet, et pour cela il a fait usage du nitrate d'argent qui lui a été indiqué par un de ses amis comme une substance très sensible à l'action de la lumière ; mais ses nombreuses expériences ont été sans succès.

« En poursuivant ces recherches, j'ai trouvé que les images des petits objets produites au moyen du microscope solaire pouvaient être copiées sans difficulté sur le papier préparé ; ce sera sans doute une application utile de cette méthode ; pour qu'elle puisse réussir, cependant, il faut que le papier soit placé à une petite distance de la lentille.

« Quant à ce qui regarde la préparation de la solution, j'ai trouvé que les meilleures proportions étaient : 1 partie de nitrate pour 10 d'eau ; dans ce cas, la quantité de sel appliquée sur le cuir ou le papier est suffisante pour que celui-ci soit capable d'être teinté, sans que sa composition ou sa texture soient attaquées.

« En comparant les effets produits par la lumière sur le

muriate (chlorure) d'argent avec ceux produits sur le nitrate, il paraît évident que le premier est bien plus susceptible, et d'ailleurs on voit que l'un et l'autre sont plus impressionnés à l'état humide qu'à l'état sec, fait connu depuis longtemps. Ainsi, à la lueur du crépuscule, la couleur du muriate d'argent étendu humide sur le papier passe lentement du blanc au violet faible, tandis que dans les mêmes circonstances le nitrate n'est pas modifié.

« Le nitrate, par sa solubilité, possède un avantage sur le muriate ; cependant le cuir et le papier peuvent sans grande difficulté être imprégnés avec cette dernière substance, soit en la mettant en suspension dans l'eau, et l'étendant ainsi, soit en immergeant le papier humide d'une solution de nitrate dans l'acide muriatique très étendu.

« Aux personnes qui ne sont pas au courant des propriétés des corps qui contiennent de l'oxyde d'argent, il est utile d'indiquer que ceux-ci produisent sur la peau, même lorsqu'ils ne sont que momentanément en contact avec elle, une tache d'une certaine permanence, et que pour imprégner le cuir ou le papier il faut faire usage d'un pinceau ou d'une brosse,

« D'après l'impossibilité d'enlever par le lavage la matière colorante des sels des parties blanches de la surface qui n'ont pas subi l'action de la lumière, il est probable que, dans les deux cas du nitrate ou du muriate, une portion de l'oxyde métallique abandonne son acide pour former avec la matière animale ou végétale un composé insoluble, et, cela étant, il n'est pas improbable que l'on trouve des substances capables de détruire ce composé par des affinités simples ou complexes. J'ai entrepris quelques expériences à ce sujet, et peut-être paraîtront-elles dans un prochain numéro de ce recueil. Pour rendre le procédé aussi utile qu'élégant, il ne manque qu'une chose : trouver une manière d'empêcher les parties non ombrées du dessin d'être ensuite colorées par l'exposition à la lumière. »

Rappelons que l'acide appelé muriatique à cette époque est l'acide chlorhydrique d'aujourd'hui, et qu'un muriate n'est autre chose qu'un chlorure.

Ainsi Wedgwood et Davy opéraient soit sur le nitrate, soit sur le chlorure d'argent, et faisaient, sur les différences de sensibilité de ces deux corps considérés isolément, des observations exactes, qui ont été répétées bien des fois depuis ; car ces deux composés jouent un rôle considérable dans l'histoire de la photographie, et forment encore aujourd'hui, mais associés, les deux éléments sensibles du papier photographique ordinaire.

En lisant ce texte, il est difficile de ne pas admirer les premiers résultats qu'il indique, et de ne pas observer quel petit effort était nécessaire pour arriver à un procédé complet.

D'une part, il suffisait de mélanger sur le papier le chlorure et le nitrate pour parvenir à une sensibilité plus grande, qui aurait permis d'obtenir la reproduction, non plus seulement des images éclatantes du microscope solaire, mais bien celles de la chambre noire, but que se proposait Wedgwood en commençant ses essais, et que Niepce atteindra en 1816, c'est-à-dire quatorze ans plus tard.

D'autre part, comme le remarque si judicieusement Davy, il ne manquait plus qu'une seule opération pour rendre pratique cette méthode de copie, opération qui était peu de chose en elle-même, mais qui était *tout* au point de vue des applications : « empêcher les parties non ombrées du dessin d'être ensuite colorées par l'exposition à la lumière ». C'est ce qu'on appelle le *fixage ;* on l'exécute actuellement en enlevant au moyen d'un dissolvant convenable les parties de la substance sensible qui n'ont pas été impressionnées par la lumière. Le nitrate d'argent est soluble dans l'eau ; les lavages peuvent donc en enlever une certaine proportion, tout en laissant sur le papier les noirs, qui sont formés d'argent provenant de la réduction effectuée sur le nitrate par la lumière. Mais une partie du sel non attaqué est retenue par l'encollage et par les fibres du papier et noircit ensuite lorsqu'on l'expose au jour.

Wedgwood et Davy continuèrent sans doute leurs recherches sur ce point capital, mais l'histoire est muette sur leur réussite. Il s'écoulera encore plus de trente ans avant qu'on applique à la photographie un dissolvant capable de dissoudre les composés d'argent que la lumière n'a pas impressionnés.

MÉMOIRES ORIGINAUX

DES

CRÉATEURS DE LA PHOTOGRAPHIE

NICÉPHORE NIEPCE

I

NOTICE SUR NIEPCE (1).

Joseph-Nicéphore Niepce est né à Châlon-sur-Saône le 7 mars 1765. Son père exerçait dans cette ville les fonctions d'avocat à la Cour, de conseiller du roi et de receveur des consignations ; c'était un homme probe, loyal, entouré de l'estime générale. Elevé, sous la surveillance paternelle, par un précepteur dévoué et par les Pères de l'Oratoire, le jeune Niepce, d'un caractère doux et paisible, débuta d'abord dans l'enseignement.

Mais la Révolution survint et le poussa dans la carrière militaire. Sous-lieutenant d'infanterie en 1792, lieutenant en 1793, il était en 1794 à Nice comme adjoint d'état-major de l'armée d'Italie. Là, il fut atteint d'une maladie épidémique, à laquelle il dut son mariage, car il épousa, la même

---

(1) J'ai trouvé de précieux renseignements dans l'ouvrage publié en 1867 par M. Fouque et intitulé : *La vérité sur l'invention de la photographie. Nicéphore Niepce, sa vie, ses essais, ses travaux, d'après sa correspondance et autres documents inédits.* — Ces textes ont été découverts par M. Isidore Niepce, fils de Nicéphore, parmi des papiers relégués depuis plus de trente ans dans un grenier ; les lettres suivantes en font partie.

année, la fille de la maîtresse de la maison où il avait reçu les soins dévoués qui avaient amené sa guérison. Toutefois cette guérison était loin d'être complète, et Niepce fut bientôt obligé de quitter ses fonctions, accompagné des regrets de ses chefs. Il se retira alors avec sa jeune femme dans une maison de campagne près de Nice, où vint le rejoindre son frère aîné Claude, qui abandonnait la marine après un service de quelques années.

Dans ce tranquille séjour, loin des événements qui bouleversaient alors la France, les deux frères reprirent en plus grand les occupations auxquelles ils s'adonnaient autrefois dans les instants de liberté que leur laissaient leurs études; tous deux étaient portés vers les applications scientifiques, et Claude en particulier vers la mécanique; aussi le fruit de leur recueillement prit-il la forme d'une machine dont ils firent là l'ébauche avec l'aide d'un ouvrier.

Après retour dans la ville natale en 1801, ils continuèrent leurs essais et purent présenter en 1806 à l'Académie des Sciences un appareil assez avancé pour leur valoir une approbation élogieuse; il fonctionnait par dilatation de l'air sous l'action d'une flamme instantanée, et avait reçu des deux inventeurs le nom de *pyréolophore*.

Tout en cherchant à perfectionner cette machine, les frères Niepce portèrent aussi leur activité sur d'autres sujets. Ainsi, Nicéphore se livra à la culture du pastel, puis à la fabrication du sucre de betterave, et à d'autres travaux, jusqu'au moment où éclata le coup de foudre qui devait lui montrer la route vers l'immortalité.

Ce coup de foudre fut la connaissance d'une invention nouvelle, qui venait d'éclore en Allemagne et d'être introduite en France : la lithographie. Enthousiasmé par les propriétés remarquables de ce procédé, qui étaient bien de nature à séduire son esprit d'ingénieur, il se mit immédiatement à l'œuvre en utilisant les matériaux qu'il avait sous la main. Voici comment s'exprime, à ce sujet, son fils Isidore dans une lettre adressée (1) à M. Fouque :

« En 1813, mon père fit des essais de gravure et de re-

-----

(1) Le 26 février 1867.

production de dessins à l'instar de la lithographie, récemment importée en France et qui l'avait frappé d'admiration. Des pierres cassées, destinées à réparer la grande route de Châlon à Lyon, et qui provenaient des carrières de Chagny, lui parurent susceptibles, par la finesse de leur grain, d'être utilement employées à la lithographie. Nous choisîmes les plus grandes, que mon père fit polir par un marbrier de Châlon ; je fis sur elles différents dessins, ensuite elles furent enduites par mon père d'un vernis qu'il avait composé ; puis il grava mes dessins au moyen d'un acide.

« Mais, mon père trouvant que les pierres n'avaient pas le grain suffisamment fin et régulier, il les remplaça par des planches d'étain poli, et y grava de la musique ; il essayait sur ces planches divers vernis de sa composition, puis il appliquait dessus des gravures, qu'il avait préalablement vernies afin d'en rendre le papier transparent, et il exposait ensuite le tout à la lumière de la fenêtre de sa chambre : voilà le commencement, bien imparfait, si vous voulez, de l'*héliographie*.

« Mon père ne parlait de ses recherches qu'à son frère et à moi. Lorsqu'il écrivait à mon oncle, il usait d'une grande réserve à l'égard de ses travaux, dans la crainte que ses lettres soient perdues et ouvertes. Quant à moi, j'assistais presque tous les jours à ses expériences, et je prenais part à ses travaux. »

En 1816, Claude, désireux de trouver des ressources matérielles et pécuniaires pour l'exploitation du pyréolophore, vient s'établir à Paris ; et Nicéphore, de son côté, va chercher le calme nécessaire à ses travaux dans sa maison de campagne du Gras, sur le territoire de Saint-Loup de Varennes, à quelques kilomètres de Châlon.

Menant de front la lithographie et les recherches sur les effets de la lumière, connaissant d'ailleurs les images si vives produites par les lentilles, Niepce devait être amené à se poser le problème de la reproduction de ces images dans la chambre noire. Ses lettres nous renseignent à ce sujet et montrent combien il était ingénieux à tirer parti de ce qu'il avait sous la main. Il résolut ce problème en 1816 au moyen d'un papier aux sels d'argent (voir II), mais il ne put ni transformer ces négatifs en positifs, ni obtenir un fixage

préservant les épreuves d'une altération subséquente ;
aussi ne tarda-t-il pas à renoncer à ce papier pour chercher une autre substance capable de satisfaire à ces deux
conditions.

Après différents essais infructueux, Niepce trouve enfin
dans le bitume de Judée les qualités nécessaires et réussit en
1822 à constituer un procédé complet au moyen duquel il
reproduit d'abord des gravures par contact, puis les images de
la chambre noire, sur pierre, sur verre, et sur métal (voir III).

En 1817, Claude était allé s'établir en Angleterre pour
demander à ce pays un placement de ses inventions que
Paris lui avait refusé. Il ne reste de la période 1817-25 que
des lettres de Claude ; elles montrent que Nicéphore poursuivait sa marche en avant (voir III) sans se laisser décourager
par les difficultés qu'il rencontrait. Parmi ces difficultés,
une des principales consistait dans le peu d'intensité des
images produites par les objectifs imparfaits dont il se servait ; comme le bitume de Judée est peu sensible à la lumière,
il était indispensable d'exalter la clarté des images pour
réduire la durée de pose, qui nécessitait plusieurs heures.
De là l'origine des relations de Niepce d'abord avec
MM. Chevalier, opticiens à Paris, puis, par leur intermédiaire, avec Daguerre (1826), qui se servait déjà d'une
chambre noire perfectionnée pour dessiner des croquis.
D'autre part, Niepce voulait arriver à transformer ses plaques
de métal en planches à gravure ; il fut assez heureux pour
trouver en M. Lemaître, graveur à Paris, un conseiller et un
ami.

Une très grave maladie de Claude appelle Nicéphore en
Angleterre au mois d'août 1827 et interrompt ses travaux ; en
passant à Paris, il reçoit encore quelques conseils de M. Lemaître et admire le Diorama de Daguerre. M. Francis
Bauër, membre de la Société Royale de Londres, l'engage à
présenter les résultats de ses recherches. Cette présentation
a lieu le 8 décembre 1827 ; mais, en l'absence de toute indication sur les moyens employés, la Société Royale remet à
Niepce ses planches et ses épreuves, sans y donner aucune
suite ; et Nicéphore rentre en France en janvier 1828.

Claude mourut le 10 février, sans avoir pu tirer parti de
ses machines. Nicéphore perdait dans ce frère affectueux un

discret confident, dont les conseils ,et les encouragements l'avaient souvent soutenu et avaient contribué au succès final ; cette union parfaite, ce dévouement inaltérable, dignes d'être proposés comme exemples, ajoutent un nouveau lustre au nom de Niepce.

Les embarras de toute nature causés par la mort de Claude empêchèrent Nicéphore de reprendre ses travaux avant quelque temps. La correspondance échangée avec M. Lemaître (voir III) montre que les dernières années, jusqu'au traité conclu avec Daguerre le 14 décembre 1829, furent consacrées au perfectionnement de la gravure ainsi que de la production des images sur plaqué d'argent.

A l'occasion de cette association, Niepce rédigea une notice destinée à mettre Daguerre au courant de tous les détails du procédé au bitume de Judée (voir IV) ; on remarquera qu'il n'y est question que des moyens à employer pour obtenir des positifs, en particulier sur verre et sur plaqué d'argent, les noirs étant produits sur ce dernier par l'action de l'iode. Quant à la gravure, elle est laissée de côté. C'est que Daguerre ne cessait de déclarer à Niepce qu'il n'attachait d'importance qu'au point de vue artistique, condamnant d'avance les procédés de reproduction basés sur la gravure. Ce document ne fut publié qu'en 1839, par Daguerre, en même temps que le daguerréotype.

Cette association n'apporta pas de progrès sensible à l'héliographie. Sous la pression de Daguerre, Niepce s'occupa d'expériences sur l'iodure d'argent, mais sans résultat (voir Daguerre) ; il ne put d'ailleurs y participer que peu de temps, car il mourut le 5 juillet 1833, d'une congestion cérébrale, à l'âge de 68 ans, sans avoir éprouvé la satisfaction de voir son invention divulguée et appréciée.

Dans cette existence, consacrée tout entière à un travail acharné, trois dates apparaissent particulièrement remarquables :

1816, *première reproduction des images de la chambre noire,* sur papier sensibilisé par le chlorure et le nitrate d'argent, mais sans fixage.

1822, *procédé complet au bitume de Judée,* permettant de reproduire les gravures et les points de vue, avec application à la *gravure* sur planche d'étain vers 1824.

1828, *bitume sur plaqué d'argent,* et noircissement par la vapeur d'*iode* des parties qui correspondent aux ombres.

Nicéphore Niepce a donc, le premier, reproduit les images de la chambre noire et inventé un procédé complet qui comprend à la fois la représentation et la gravure de ces images ; il doit être considéré comme le père de la *photographie,* ce mot étant pris dans sa plus large signification.

II

LETTRES DE NIEPCE SUR LES EXPÉRIENCES DE 1816.

12 avril 1816. « Je profite du peu de temps que nous avons
à passer ici (1) pour faire faire une espèce d'œil artificiel, qui
est tout simplement une petite boîte carrée de six pouces (2)
de chaque face ; laquelle sera munie d'un tuyau susceptible
de s'allonger et portant un verre lenticulaire. Je ne pourrais,
sans cet appareil, me rendre complètement raison de mon
procédé... »

C'est la première chambre noire de Niepce ; il compare le phénomène qui s'y accomplit à celui de la vision. Mais il arrive un
accident qui retarde les expériences.

22 avril. « Je comptais faire hier l'expérience dont je t'ai
parlé ; mais j'ai cassé mon objectif dont le foyer était le mieux
assorti aux dimensions de l'appareil. J'en ai bien un autre,
mais qui n'a pas le même foyer ; ce qui nécessitera quelques
petits changements dont je vais m'occuper... »

Quelques jours après, tout est prêt pour un essai important ; la
lettre suivante, qui constitue un très intéressant document, nous
apporte le témoignage formel d'un premier résultat.

5 mai. « Tu as vu, par ma dernière lettre, que j'avais cassé
l'objectif de ma chambre obscure, mais qu'il m'en restait un
autre dont j'espérais tirer parti. Mon attente a été trompée :

---

(1) Niepce était encore à Châlon et allait se rendre à sa campagne du Gras ;
ces lettres sont adressées à son frère Claude, alors à Paris.

(2) Environ 16 centimètres.

ce verre avait le foyer plus court que le diamètre de la boîte ;
ainsi, je n'ai pu m'en servir. Nous sommes allés à la ville
lundi dernier ; je n'ai pu trouver chez Scotti qu'une lentille
d'un foyer plus long que la première ; et il m'a fallu faire
allonger le tuyau qui la porte et au moyen duquel on détermine la vraie distance du foyer. Nous sommes revenus ici
mercredi soir ; mais depuis ce jour-là, le temps a toujours été
couvert, ce qui ne m'a pas permis de donner suite à mes expériences. Et j'en suis d'autant plus fâché qu'elles m'inté-
ressent beaucoup. Il faut se déplacer de temps en temps, faire
des visites ou en recevoir : c'est fatigant. Je préférerais, je te
l'avoue, être dans un désert.

« Lorsque mon objectif fut cassé, ne pouvant plus me
servir de ma chambre obscure, je fis un œil artificiel avec le
baguier d'Isidore, qui est une petite boîte de seize à dix-huit
lignes (1) en carré. J'avais heureusement les lentilles du microscope solaire qui, comme tu le sais, vient de notre grand-
père Barrault. Une de ces petites lentilles se trouva précisément du foyer convenable ; et l'image des objets se peignait
d'une manière très nette et très vive sur un *champ* de treize
lignes (2) de diamètre.

« Je plaçai l'appareil dans la chambre où je travaille, en
face de la volière, et les croisées ouvertes. Je fis l'expérience
d'après le procédé que tu connais, mon cher ami, et je vis
sur le papier blanc toute la partie de la volière qui pouvait
être aperçue de la fenêtre, et une légère image des croisées
qui se trouvaient moins éclairées que les objets extérieurs.
On distinguait les effets de la lumière dans la représentation
de la volière et jusqu'au châssis de la fenêtre. Ceci n'est qu'un
essai encore bien imparfait ; et l'image des objets était extrêmement petite. La possibilité de peindre de cette manière me
paraît à peu près démontrée ; et, si je parviens à perfectionner
mon procédé, je m'empresserai, en t'en faisant part, de répondre au tendre intérêt que tu veux bien me témoigner. Je
ne me dissimule point qu'il y a de grandes difficultés, surtout
pour fixer les couleurs ; mais, avec du travail et beaucoup de

---

(1) Environ 4 centimètres.
(2) Environ 3 centimètres.

patience, on peut faire bien des choses. Ce que tu avais prévu est arrivé : le fond du tableau est noir, et les objets sont blancs, c'est-à-dire plus clairs que le fond.

« Je crois que cette manière de peindre n'est pas inusitée, et j'ai vu des gravures de ce genre. Au reste, il ne serait peut-être pas impossible de changer cette disposition des couleurs ; j'ai même là-dessus quelques données que je suis curieux de vérifier... »

Cette première reproduction des images de la chambre noire présentait donc l'aspect de ce que nous appelons aujourd'hui un *négatif ;* mais Niepce aurait, de beaucoup, préféré un positif, avec les clairs et les ombres, qu'il désigne ici sous le nom de *couleurs*, dans leur ordre naturel.

Voici la suite de cet essai, d'après la correspondance, qui nous permettra de trouver en quoi consistait le procédé.

9 mai 1816. « Je viens de construire une autre chambre obscure, qui tient le milieu entre la petite et la grande ; et j'ai employé, à cet effet, une lentille de notre ancien microscope, qui est fort bonne et qui va très bien. Je pourrai de cette manière comparer mes expériences et en faire au moins deux à la fois : ce qui sera très avantageux.

« J'ai oublié de te dire dans ma dernière lettre qu'il n'est pas nécessaire, pour opérer, que le soleil luise... »

19 mai. « Je t'écris sur une simple demi-feuille... pour ne pas trop augmenter le port de ma lettre, à laquelle je joins deux gravures faites d'après le procédé que tu connais. La plus petite provient du baguier, et l'autre de la boîte dont je t'ai parlé, qui tient le milieu entre le baguier et la grande boîte. Pour mieux juger de l'effet, il faut se placer un peu dans l'ombre ; il faut placer la gravure sur un corps opaque et se mettre contre le jour. Cette espèce de gravure s'altérerait, je crois, à la longue, quoique garantie du contact de la lumière, par la réaction de l'acide nitrique, qui n'est pas neutralisé. Je crains aussi qu'elle ne soit endommagée par les secousses de la voiture. Ceci n'est encore qu'un essai ; mais, si les effets étaient un peu mieux sentis (ce que j'espère obtenir), et surtout si l'ordre des teintes était interverti, je crois que l'illusion serait complète.

« Ces deux gravures ont été faites dans la chambre où je travaille, et le champ n'a de grandeur que la largeur de la croisée... Si tu veux conserver ces deux *rétines*, quoiqu'elles n'en valent guère la peine, tu n'as qu'à les laisser dans le papier gris, et placer le tout dans un livre.

« Je vais m'occuper de trois choses : 1° de donner plus de netteté à la représentation des objets ; 2° de transposer les couleurs ; 3° et enfin de les fixer, ce qui ne sera pas le plus aisé... »

Niepce établit là le programme des opérations photographiques : netteté des images, production d'un positif comme résultat définitif, et fixage ; il va s'y consacrer, dans l'ordre même qu'il vient d'indiquer.

28 mai. « Je m'empresse de te faire passer quatre nouvelles épreuves, deux grandes et deux petites, que j'ai obtenues plus nettes et plus correctes à l'aide d'un procédé très simple qui consiste à rétrécir, avec un disque de carton percé, le diamètre de l'objectif. L'intérieur de la boîte étant moins éclairé, l'image en devient plus vive, et ses contours, ainsi que les ombres et les jours, sont bien mieux marqués. »

C'est donc au mois de mai 1816 qu'il faut faire remonter le premier emploi du *diaphragme* en photographie : les objectifs dont se servait Niepce devaient en avoir besoin, puisque c'était des lentilles simples. Quant à la cause d'où résulte une amélioration de la netteté, on sait aujourd'hui qu'elle réside dans l'élimination des rayons qui traversent les bords de la lentille et qui ne vont pas converger dans la même région que les rayons centraux. Le premier point du programme était ainsi réalisé.

« Tu en jugeras par le toit de la volière, par les angles de ses murs, par les croisées dont on aperçoit les croisillons ; les vitres même paraissent transparentes en certains endroits ; enfin le papier retient exactement l'empreinte de l'image colorée ; et, si l'on n'aperçoit pas tout distinctement, c'est que, l'image de l'objet représenté étant très petite, cet objet paraît tel qu'il serait s'il était vu de loin... »

C'est l'inconvénient des appareils à court foyer : ils déforment la perspective en allongeant le paysage.

D'ailleurs, cette reproduction directe des images de la chambre noire présentait le défaut de placer à gauche ce qui, dans la nature, se trouvait à droite, et réciproquement ; aussi Nicéphore juge-t-il bon d'expliquer cette transposition qui altère une vue familière aux deux frères.

« La volière étant peinte renversée, la grange, ou plutôt le toit de la grange, est à gauche au lieu d'être à droite. Cette masse blanche qui est à droite de la volière, au-dessus de la claire-voie, qu'on ne voit que confusément, mais telle qu'elle est peinte sur le papier par la réflexion de l'image, c'est le poirier de beurré blanc qui se trouve beaucoup plus éloigné ; et cette tache noire au haut de la cime, c'est un éclairci qu'on aperçoit entre les branches... L'effet serait bien plus frappant si, comme je te l'ai dit, ou plutôt comme je n'ai pas besoin de te le dire, l'ordre des jours et des ombres pouvait être interverti ; c'est là ce dont je vais m'occuper avant de tâcher de fixer les couleurs, et ça n'est pas facile.

« Jusqu'à présent, je n'ai peint que la volière afin de pouvoir comparer entre elles les épreuves. Tu trouveras une des deux grandes et une des deux petites moins colorées que les deux autres, quoique les contours des objets soient très bien marqués ; ceci provient de ce que j'ai trop rétréci l'ouverture du carton qui couvre l'objectif. Il paraît qu'il y a des proportions dont on ne peut pas trop s'écarter ; et je n'ai peut-être pas encore trouvé la meilleure. Lorsque l'objectif est à nu, l'épreuve qu'on obtient paraît estompée, et le spectre coloré a cette apparence là parce que les contours des objets sont peu prononcés et semblent en quelque sorte se perdre dans le vague... »

2 juin. « Je présume que tu auras reçu hier, mon cher ami, ma lettre du 28 mai, laquelle contenait quatre nouvelles épreuves, qui m'ont paru plus correctes que les précédentes. Je suis on ne peut plus sensible aux choses honnêtes que tu veux bien me dire à ce sujet, et, quoique je sois loin de les mériter, elles n'en sont pas moins pour moi un grand motif d'encouragement. Si je parvenais à fixer la

couleur et à changer la disposition des jours et des ombres, le procédé que j'emploie maintenant serait, je pense, le meilleur. Car il est impossible de trouver une substance qui soit plus susceptible de retenir les moindres impressions de la lumière... »

16 juin. «... Depuis quelques jours, je me suis beaucoup moins occupé de tirer de nouvelles épreuves d'après le même procédé, ce qui aurait été fort inutile, que de tâcher de fixer l'image d'une manière solide, et de placer les ombres et les clairs dans leur ordre naturel. J'ai fait là-dessus quelques essais que je compte répéter parce qu'ils me laissent entrevoir la possibilité de réussir...

« Je croyais aussi, comme toi, mon cher ami, qu'en mettant dans la boîte optique une épreuve bien marquée sur un papier teint d'une couleur fugace ou recouvert de la subtance que j'emploie, l'image viendrait se peindre sur ce papier avec ses couleurs naturelles ; puisque les parties noires de l'épreuve, étant plus opaques, intercepteraient plus ou moins le passage des rayons lumineux, mais il n'y a eu aucun effet de produit. »

Constatons ici le premier essai de production d'une épreuve positive par passage de la lumière au travers d'un cliché négatif. Niepce espérait ainsi réaliser le deuxième point de son programme : le rétablissement des clairs et des ombres dans leur ordre naturel. Le principe est exact, et sera appliqué avec succès par Talbot 25 ans plus tard ; mais Niepce ne se trouvait pas dans des conditions favorables à la réussite, et il en explique les raisons.

« Il est à présumer que l'action de la lumière n'est point assez forte ; que le papier que j'emploie est trop épais, ou, qu'étant trop couvert, il offre un obstacle insurmontable au passage du fluide ; car j'applique jusqu'à six couches de blanc... »

Il passe ensuite au 3e point de son programme : le fixage.

« J'ai voulu aussi m'assurer si différents gaz pourraient fixer l'image colorée ou modifier l'action de la lumière, en la faisant communiquer à l'aide d'un tube avec l'appareil pendant l'opération. Je n'ai encore employé que le gaz muriatique oxigéné, le gaz hydrogène, et le gaz carbonique ; le premier décolore l'image ; le second ne m'a paru produire aucun effet sensible ; et le troisième détruit en grande partie dans la substance dont je me sers la faculté d'absorder la lumière. Car cette substance, tant que le contact du gaz a lieu, se colore à peine dans les parties même les plus éclairées ; et cependant ce contact a duré plus de huit heures. Je reprendrai ces expériences intéressantes, et j'essaierai successivement plusieurs autres gaz, surtout l'oxigène... »

Qu'est-ce donc que cette matière que Niepce étend en couches blanches sur le papier, — qui est impressionnée rapidement en noir par la lumière, — qui est assez sensible pour garder les images données par la lentille, même sans que le soleil luise, — qui, une fois noircie, est blanchie à nouveau par l'acide muriatique oxigéné, c'est-à-dire par le chlore, — qui n'est pas altérée notablement par l'hydrogène, — et qui devient beaucoup moins sensible sous l'influence de l'acide carbonique ?

Niepce lui-même va nous l'apprendre, mais seulement l'année suivante, lorsque, malgré toute sa patience, il aura reconnu l'impossibilité d'arriver par cette voie à réaliser les deux derniers points de son programme. S'il se décide alors à désigner cette substance en toutes lettres, c'est qu'elle est abandonnée, non sans regret, et qu'il n'y a plus motif de craindre une indiscrétion.

20 avril 1817. « Je crois t'avoir mandé, mon cher ami, que j'avais renoncé à l'emploi du muriate d'argent, et tu sais les raisons qui m'y ont déterminé. J'étais fort embarrassé de savoir par quelle autre substance je pourrais remplacer cette oxide métallique, lorsque je lus dans un ouvrage de chimie que la résine de gaïac, qui est d'un gris jaunâtre, devenait d'un fort beau vert quand on l'exposait à la lumière... »

On ne peut se défendre d'un étonnement bien légitime en constatant que, depuis 30 ans que ces lettres ont été publiées, l'enseignement qu'elles renferment sur ces expériences, considérées jusqu'ici comme mystérieuses, n'en a pas encore été dégagé. Il n'est cependant pas impossible, en combinant les connaissances modernes avec les détails contenus dans ces lettres, de reconstituer la façon dont ont été obtenues ces fameuses *rétines* que Nicéphore envoyait à son frère, et qui sont *les premières images obtenues à la chambre noire*.

La substance employée est donc le muriate ou chlorure d'argent ; mais il n'est pas isolé puisque Niepce craint qu'il ne reste dans le papier de l'acide nitrique en excès, capable d'amener ensuite une altération. Cette crainte est la conséquence d'une introduction de l'acide dans la préparation du chlorure ; en effet, l'acide chlorhydrique mis en contact avec l'argent ne fournit que de petites quantités de chlorure, tandis que, si l'on ajoute de l'acide nitrique, cette production devient facile et abondante. Le mélange de ces deux acides forme l'eau régale, qui transforme tous les anciens métaux en chlorure, et dont Niepce connaissait certainement les propriétés par les ouvrages de chimie qu'il avait entre les mains.

On peut encore préparer le chlorure d'argent en traitant une dissolution de nitrate d'argent par l'acide chlorhydrique ou par un chlorure soluble ; mais, si Niepce avait eu recours à cette méthode, il n'aurait probablement pas insisté sur les inconvénients de l'acide nitrique resté libre dans le papier.

D'ailleurs, quel que soit celui des trois procédés dont on se serve, on arrive toujours, comme résultat final, à un mélange de chlorure et de nitrate. C'est donc ce mélange qui donnait au papier de Niepce la grande sensibilité qui permettait une impression assez courte à la chambre noire. L'influence de cette action combinée est aujourd'hui bien établie, depuis la remarquable étude de MM. Davanne et Girard sur le papier photographique (1) : « Les rayons lumineux, frappant le chlorure d'argent, le réduisent à l'état métallique ; le chlore qui s'en dégage, rencontrant l'azotate d'argent en excès, le décompose, forme avec lui du nouveau chlorure qui, à l'état naissant, est impressionné plus vivement et donne à la marche de l'insolation une rapidité et une force plus considérables. »

Avec ce papier recouvert de chlorure d'argent et contenant un excès de nitrate, tous les résultats décrits dans le texte s'expliquent de la façon la plus simple et la plus évidente.

En effet, Niepce étend le chlorure à l'état pâteux, et en applique « jusqu'à six couches ». Mais l'adhérence n'est pas très grande, et il y a lieu de craindre les « secousses de la voiture ». Dans la chambre noire, l'ensemble devient plus ou moins gris et reproduit une image

---

(1) Bulletin de la Société française de Photographie, de 1855 à 1864.

négative du paysage ; les effets de la lumière sont si clairement décrits que l'on croit assister à l'opération. Puis, le chlore transforme
en chlorure blanc soit l'argent réduit du chlorure et du nitrate, soit
les sous-chlorures provenant d'un commencement de réduction ; ce
fait est aussi bien connu. L'hydrogène n'agit notablement ni sur le
chlorure, ni sur le nitrate. Quant à l'acide carbonique, il tend à
produire un carbonate d'argent, qui n'est pas assez sensible pour
être impressionné par les images de la chambre noire ; comme cette
dernière transformation ne peut guère s'effectuer qu'en présence de
l'eau, il est probable que les couches étendues sur le papier étaient
encore humides au moment de leur exposition à la lumière ; la sensibilité est alors plus grande qu'à l'état sec.

Ces recherches sur l'action des gaz pouvaient aboutir à un certain
degré de fixage, surtout si Niepce avait donné suite à son projet
d'essayer l'oxygène ; en oxydant la matière organique du papier
après l'action de la lumière, il aurait annihilé la sensibilité des
parties restées blanches (1).

En résumé, et comme conclusion de cet examen, il semble de
toute justice de réparer un oubli en inscrivant Niepce sur la table
de l'histoire photographique comme ayant, le premier, et dès 1816,
obtenu la reproduction des images de la chambre noire sur un papier imprégné de chlorure et de nitrate d'argent. C'était un progrès
sur Wedgwood et Davy ; mais Niepce a été arrêté comme eux par la
difficulté du fixage.

Ici, une question se pose : Niepce avait-il connaissance du travail
Wedgwood-Davy ? La réponse doit être négative, car la période qui
s'est écoulée de 1802, époque de la publication de ce travail, à
1816, n'était guère propice aux communications entre l'Angleterre
et la France. Rappelons d'ailleurs ce passage de la lettre du 5 mai :
« Ce que tu avais prévu est arrivé : le fond du tableau est noir et
les objets sont blancs, c'est-à-dire plus clairs que le fond. » Si Nicéphore avait connu les résultats Wedgwood-Davy, il n'aurait pas eu
à invoquer seulement la perspicacité de son frère.

Après avoir renoncé à ce papier, Niepce, « fort embarrassé »,
essaie d'autres substances, telles que la résine de gaïac, puis le phosphore ; il n'en tire autre chose qu'une brûlure, et se consacre dès
lors exclusivement à des recherches en vue de la gravure directe de

---

(1) Voir mon travail sur l'insensibilisation des papiers et plaques photographiques par oxydation au contact de l'encre sèche. *Bulletin de la Société
française de Photographie*, 15 mai, 15 juillet, 15 décembre 1895, 15 janvier, 15 mars 1896, et mon ouvrage intitulé : *La plaque photographique*
(Carré et Naud, éditeurs, 1897).

la pierre ou des métaux par reproduction des images de la chambre noire. Cette idée l'obsédait et lui paraissait bien plus importante que la reproduction sur papier sensible ; poussé par les considérations utilitaires qui lui avaient fait accueillir la lithographie avec enthousiasme, il s'était parfaitement rendu compte des immenses services que rendrait un procédé permettant de fixer d'une façon inaltérable et de multiplier pour ainsi dire à l'infini la copie de la nature.

III

LETTRES DE NIEPCE RELATIVES A LA GRAVURE ET A LA REPRÉ-
SENTATION POSITIVE DES IMAGES DE LA CHAMBRE NOIRE.

2 juin 1816. « J'ai essayé de graver sur le métal à l'aide de certains acides, mais jusqu'ici je n'ai rien obtenu de satisfaisant ; le fluide lumineux ne paraît pas modifier d'une manière sensible l'action des acides. Cependant mon intention n'est pas d'en rester là, parce que ce genre de gravure serait encore supérieur à l'autre, toute réflexion faite, à raison de la facilité qu'il donnerait de multiplier les épreuves et de les avoir inaltérables... »

2 juillet. « D'après des expériences réitérées, j'ai reconnu l'impossibilité de fixer l'image des objets à l'aide de la gravure sur pierre par l'action des acides aidée du concours de la lumière. Ce fluide ne m'a paru avoir aucune influence sensible sur la propriété dissolvante de ces agents chimiques ; j'y ai donc entièrement renoncé ; et je doute fort que l'on eût pu par ce procédé faire ce que l'on peut faire avec la substance que j'emploie... »

Animé d'une persévérance à toute épreuve, Niepce ne se décourage pas et poursuit ses recherches vers le but qu'il s'est fixé. Nous ne connaissons pas le détail de ses essais pendant la période qui s'étend de 1817 à 1825, car sa correspondance avec son frère, en Angleterre depuis 1817, n'a pas été conservée : mais les lettres de Claude, publiées par M. Fouque, montrent que ces essais suivaient une marche ininterrompue et aboutissaient à une réussite complète en 1822.

En voici quelques extraits :

31 décembre 1818. « Je désire bien ardemment que la nouvelle substance que tu as reçue de Paris puisse répondre à tes vues ; alors tu toucherais de bien près, mon cher ami, à la solution du problème.

Je ne devine pas précisément quelle peut être cette substance ; et je te remercie de ta discrétion à ne pas la nommer... ».

24 août 1819. « Avec quelle satisfaction j'ai lu les détails intéressants que tu veux bien me donner sur tes nouvelles recherches !... ».

22 janvier 1820. « Je crois que ton ingénieux procédé serait celui qui mériterait la préférence sur tous les autres, si le fond pouvait, après l'opération, rester ensuite longtemps dans le même état ; c'est là, je crois, la plus grande difficulté à surmonter... ».

24 avril 1821. « L'essentiel serait de trouver le moyen de conserver sans altération subséquente l'image de l'objet, une fois bien gravée... ».

C'était donc encore la question du fixage qui arrêtait Nicéphore ; mais elle fut bientôt résolue, ainsi que le prouve la lettre suivante de Claude :

19 juillet 1822. « Le général Poncet doit être également enthousiasmé de la beauté de ta découverte, dont les nouveaux succès m'ont causé la plus vive satisfaction. J'ai lu et relu avec admiration les intéressants détails que tu as la bonté de me transmettre ; je croyais te voir, ainsi que ma chère sœur et mon cher neveu, attentifs et suivant des yeux le travail admirable de la lumière ; et je croyais voir moi-même un point de vue que j'ai eu grand plaisir à me rappeler. Combien je désire, mon ami, qu'une expérience aussi belle et aussi intéressante pour toi et pour la science ait pu avoir un résultat complet et définitif... ».

Le général Poncet du Maupas, dont il est question ici, était cousin par alliance des frères Niepce. Il s'intéressait vivement aux travaux de Nicéphore, qui lui remit en cette année 1822 la reproduction d'une gravure représentant le pape Pie VII ; cette reproduction, sur verre et fixée, fut montrée à un grand nombre de personnes.

Ainsi, en 1822, Niepce reproduisait sur verre des gravures et rendait cette impression *inaltérable* à la lumière ; c'était des *positifs*. Mais il avait encore à graver et à opérer sur les images de la chambre noire : ce résultat fut obtenu en 1824, d'après la lettre suivante de Claude :

3 septembre 1824. « Reçois donc, je te prie, mes tendres et empressées félicitations sur les heureux résultats que tu as obtenus ; ils sont tels que tu pouvais les espérer, puisqu'ils confirment tes espérances d'avoir les moyens de graver sur pierre, sur cuivre et sur verre... La gravure des points de vue est encore plus magique que l'autre, qui n'est rien moins qu'un colifichet, ainsi que tu veux bien la nommer ; mais elle est une découverte des plus utiles et des plus brillantes... »

Mais les perfectionnements futurs, pour l'application à la chambre noire, dépendaient dans une grande mesure de la netteté et de l'intensité des images dues à l'objectif ; il devenait donc indispensable d'employer un appareil moins primitif que ceux dont Niepce s'était servi jusque-là. C'est ainsi que, au commencement de janvier 1826, il fut amené à profiter du voyage à Paris d'un de ses parents, son cousin le colonel Niepce, pour le charger de lui acheter chez MM. Vincent et Charles Chevalier, ingénieurs-opticiens, une chambre noire perfectionnée. Le colonel emportait en même temps plusieurs épreuves qu'il leur montra ; ils en furent étonnés, et, quelques jours après, M. Charles Chevalier en parla à Daguerre, avec lequel il était en relation et auquel il fournissait des chambres noires pour faire des croquis. Daguerre cherchait aussi à reproduire les images de la chambre noire ; sur le conseil de M. Chevalier, il commença avec Niepce les relations qui devaient aboutir au traité d'association de 1829. Ces relations, froides et rares, n'eurent aucune influence sur les travaux de Niepce ; la découverte de l'héliographie était un fait accompli, et il ne restait plus à perfectionner que quelques points de détail, en particulier les demi-teintes.

Nicéphore écrit le 26 mai 1826 à son fils :

« Mes travaux héliographiques sont en pleine activité. J'ai fait venir de nouvelles planches d'étain ; ce métal convient mieux à mon objet, principalement pour les points de vue d'après nature ; parce que, réfléchissant davantage la lumière, l'image paraît beaucoup plus nette. Je me félicite donc de cette heureuse inspiration. »

De la période 1824-26 date la célèbre planche d'étain obtenue d'une gravure représentant le cardinal d'Amboise ; quelques épreuves en furent tirées par M. Lemaître, habile graveur de Paris, avec lequel Niepce ne cessa d'être en relations suivies et amicales de 1825 jusqu'à sa mort. Il fut émerveillé de l'avenir réservé à l'héliogravure : « C'est, dit-il, une découverte qui doit être dans les arts d'une grande utilité, et qui fera peut-être autant de sensation que la lithographie en a fait à son apparition ». Les critiques qu'il adressa à Niepce sur certains points faibles que présentaient les planches furent bien accueillies et ne furent pas inutiles, car Nicéphore n'était pas préparé par ses travaux antérieurs à la pratique de la gravure.

Cependant, la chambre noire laissait encore beaucoup à désirer ; Niepce s'en plaint à M. Lemaître :

24 juillet 1827. « Je suis entièrement satisfait de mon

procédé *héliographique* ; mais je ne puis pas en dire autant
de l'instrument que j'emploie, qui, de même que ceux du
même genre, a de très grandes imperfections. Il n'y a, en
effet, de bien éclairée et de bien nette que la partie de
l'image qui se trouve juste au foyer de l'objectif ; tout le
reste est plus ou moins vague et confus ; aussi, dans ce moment, suis-je uniquement occupé des moyens de remédier à
ces graves imperfections... »

Ces travaux, interrompus par le voyage de Nicéphore en Angleterre en 1827-28 et par la mort de Claude, nous sont connus grâce à
la correspondance avec M. Lemaître :

20 août 1828. « Depuis qu'il m'a été permis de me livrer
de nouveau à mes recherches, j'ai encore été contrarié par
le mauvais temps et par le retard qu'on a mis à me fournir
quelques planches en doublé d'argent, préparées comme je
le désirais. Malgré cela, et quoique je n'aie pu faire que peu
d'expériences, je vois avec satisfaction, Monsieur, que j'approche sensiblement du but que je m'étais proposé. J'ai
entièrement renoncé à la copie des gravures, et je me borne
à celle des points de vue pris avec la chambre noire perfectionnée de Wollaston ; les verres périscopiques m'ont pro-
curé des résultats bien supérieurs à ceux que j'avais obtenus
jusqu'à présent avec les objectifs ordinaires et même avec le
prisme ménisque de V. Chevalier. Mon unique objet devant
être de copier la nature avec la plus grande fidélité, c'est à
quoi je m'attache exclusivement ; car ce n'est que lorsque
j'y serai parvenu (si toutefois il n'y a pas un peu trop de
témérité de ma part dans cette supposition), que je pourrai
m'occuper sérieusement des différents modes d'application
dont ma découverte peut être susceptible... »

4 octobre 1829. « Lorsque j'étais à Paris, et même depuis
mon retour, M. Daguerre m'avait témoigné le désir de connaître le résultat de mes nouvelles recherches héliographiques. Je viens, en conséquence, de lui adresser un essai, sur
argent plaqué, de point de vue d'après nature, pris dans la
chambre noire, et je le prie en même temps de vous en donner communication, présumant que cet essai, quelque défectueux qu'il soit, pourra vous intéresser, ne fût-ce que sous

le rapport de la nouveauté. Je crois devoir vous faire observer, Monsieur, que ce point de vue, pris de la chambre où
je travaille à la campagne, est entièrement défavorable puisque les objets se trouvent éclairés par derrière, ou du moins
dans une direction très oblique, durant une partie de l'opération ; ce qui doit nécessairement produire une disparate
choquante dans le résultat. Mais vous jugerez, d'après quelques détails fidèlement rendus, de ce que pourrait être ce
résultat dans toute autre circonstance, et une épreuve très
récente vient de me mettre à portée de m'en assurer... »

M. Lemaître, prévenu par Daguerre, va voir cette planche, et ré-
pond à Niepce le 12 octobre : « ... Je ne puis passer une observation
sur laquelle je suis tombé d'accord avec M. Daguerre. Nous avons
remarqué que deux faces de maison, qui doivent dans la nature être
parallèles et opposées, se trouvent dans votre sujet éclairées en même
temps : cela est un contre-sens d'effet. Bien que les objets se trouvent
éclairés par derrière ou obliquement, deux faces parallèles et opposées ne peuvent être éclairées en même temps. Nous avons attribué
cette circonstance à la durée de l'opération, pendant laquelle le soleil
a dû nécessairement changer de direction... »

Le 25, Niepce donne les explications suivantes :

« ... Vous avez cru que ma planche était gravée, mais elle
ne l'est pas : elle n'est que noircie, sans aucun emploi d'un
acide quelconque, d'après un procédé qui a mal réussi par
ma faute, le noir ayant recouvert les traits les moins prononcés de l'empreinte : ce qui m'a forcé à les dégager le
mieux que j'ai pu, à l'aide d'un linge très doux. Mon objet
était d'obtenir ainsi toutes les dégradations de teintes du
noir au blanc sur cette plaque d'argent plaqué. Malgré cela,
je pense qu'avec plus de précaution et un peu de dextérité
on pourrait tirer bon parti de ce procédé.

« Mais vous ne vous êtes pas trompé, Monsieur, en attri-
buant à l'action trop prolongée de la lumière l'une des défec-
tuosités les plus choquantes que vous avez remarquées. Malheureusement, il ne m'est pas possible de l'éviter avec un
appareil dans lequel les devants sont si peu éclairés qu'il
faut un temps considérable pour qu'ils puissent s'emprein-
dre, même légèrement ; de là ces disparates et cette confusion
produites par le changement de direction, tantôt oblique et

tantôt opposée, des rayons solaires. Pour parvenir à un succès décisif, il est indispensable que l'effet ait lieu le plus promptement possible ; ce qui suppose une grande clarté, une grande netteté, dans la représentation des objets ; or il faudrait pour cela une chambre noire aussi parfaite que celle de M. Daguerre ; autrement, je serai condamné à m'approcher plus ou moins du but, sans pouvoir jamais l'atteindre. »

Cette observation est profondément juste et montre avec quelle logique Niepce se dirigeait vers le but qu'il s'était proposé. La durée de pose dépend, en effet, de deux éléments : la sensibilité de la surface sensible, et l'intensité des images formées par l'objectif. Comme la sensibilité du bitume de Judée, dont se servait Niepce, est assez faible, il était de toute nécessité de perfectionner l'objectif de façon à admettre le plus de lumière possible ; c'est à ce résultat que vont tendre désormais tous les efforts de Niepce.

« Je me suis donc empressé de répondre à ses offres obligeantes de service, en lui proposant de coopérer avec moi au perfectionnement de mes procédés héliographiques, et de l'associer aux avantages qui résulteraient d'une complète réussite. Je lui ai témoigné combien je désirerais, Monsieur, en vous adressant la même proposition, trouver une garantie de plus de succès dans le concours de vos talents distingués... »

Telle est, nettement définie, l'idée d'où est sortie l'association avec Daguerre : nécessité absolue, pour Niepce, de recourir à un objectif donnant des images plus nettes et plus intenses. Voici la réponse de M. Lemaître, datée du 2 novembre : « ... M. Daguerre, ayant beaucoup perfectionné la chambre noire, et ayant une grande habitude de s'en servir, nul autre ne pourrait mieux que lui coopérer aux perfectionnements de vos procédés : aussi je vous félicite de vous associer à lui. Il n'approuve pas l'application de vos procédés à la gravure, et désire que vous vous occupiez seulement de leur perfection. Je ne me dissimule pas non plus les difficultés que l'on aurait à vaincre en cherchant à multiplier par la gravure, car on serait obligé d'ajouter un travail manuel au travail primitif, tant par l'action des acides que par les retouches qu'il faudrait probablement faire. Cependant, comme l'on ne doit renoncer à aucune chose avant d'avoir au moins tenté quelques essais, et que, puisque vous avez reproduit des estampes par votre procédé, je crois à la possibilité de reproduire par la gravure des vues prises à la chambre noire, je vous réitère l'offre que je vous ai faite de coopérer à la réussite de ces essais par les connaissances que j'ai acquises dans les différents genres de la gravure, et je vous prie d'en user largement... »

Le traité fut signé le 14 décembre 1829 ; il est justifié par cette déclaration qui forme l'exposé des motifs :

« M. Niepce, désirant fixer par un moyen nouveau, sans avoir recours à un dessinateur, les vues qu'offre la nature, a fait des recherches à ce sujet ; de nombreux essais, constatant cette découverte, en ont été le résultat. Cette découverte consiste dans la reproduction spontanée des images reçues dans la chambre noire.

« M. Daguerre, auquel il a fait part de sa découverte, en ayant apprécié tout l'intérêt, d'autant mieux qu'elle est susceptible d'un grand perfectionnement, offre à M. Niepce de s'adjoindre à lui pour parvenir à ce perfectionnement, et de s'associer pour retirer tous les avantages possibles de ce nouveau genre d'industrie... »

On trouve dans ces lignes, en même temps qu'une définition de la photographie, la préoccupation de Daguerre d'arriver à un perfectionnement qui, dans son esprit, devra consister dans une reproduction plus artistique et plus rapide des images de la chambre noire.

D'après les articles du traité, Niepce s'engage à confier à Daguerre *tous les détails de son procédé ;* et Daguerre, à indiquer à Niepce *le perfectionnement qu'il a apporté à la chambre noire.* Ces communications réciproques doivent rester secrètes. De plus, l'application à la gravure, si elle est jugée convenable, est réservée à M. Lemaître.

Conformément à ce traité, Niepce rédigea une notice détaillée (voir ci-après) qu'il remit à Daguerre et qui fut publiée plus tard par celui-ci, en 1839, en même temps que le daguerréotype. Elle forme le couronnement de la longue série de recherches exécutées par Niepce de 1816 à 1829 avec la patience et la suite d'idées que font ressortir les lettres précédentes.

IV

« La découverte que j'ai faite et que je désigne sous le nom d'*Héliographie*, consiste à reproduire spontanément, par l'action de la lumière, avec les dégradations de teintes du noir au blanc, les images reçues dans la chambre obscure.

« ***Principe fondamental de cette découverte.*** — La lumière, dans son état de composition et de décomposition, agit chimiquement sur les corps. Elle est absorbée, elle se combine avec eux et leur communique de nouvelles propriétés. Ainsi, elle augmente la consistance naturelle de quelques-uns de ces corps ; elle les solidifie même et les rend plus ou moins insolubles suivant la durée ou l'intensité de son action. Tel est, en peu de mots, le principe de la découverte.

« ***Matière première. Préparation.*** — La substance ou matière première que j'emploie, celle qui m'a le mieux réussi et qui concourt plus immédiatement à la production de l'effet, est l'asphalte ou *bitume de Judée,* préparé de la manière suivante.

« Je remplis à moitié un verre de ce bitume pulvérisé. Je verse dessus, goutte à goutte, de l'huile essentielle de lavande jusqu'à ce que le bitume n'en absorbe plus, et qu'il en soit seulement bien pénétré. J'ajoute ensuite assez de cette huile essentielle pour qu'elle surnage de trois lignes (1) environ au-dessus du mélange, qu'il faut couvrir

---

(1) Environ 7 millimètres.

et abandonner à une douce chaleur jusqu'à ce que l'essence ajoutée soit saturée de la matière colorante du bitume. Si ce vernis n'a pas le degré de consistance nécessaire, on le laisse évaporer à l'air libre dans une capsule, en le garantissant de l'humidité qui l'altère et finit par le décomposer. Cet inconvénient est surtout à craindre dans cette saison froide et humide (1), pour les expériences faites dans la chambre noire.

« Une petite quantité de ce vernis, appliquée à froid avec un tampon de peau très douce, sur une planche d'argent plaqué bien poli, lui donne une belle couleur de vermeil et s'y étend en couche mince et très égale. On place ensuite la planche sur un fer chaud, recouvert de quelques doubles de papier dont on enlève ainsi, préalablement, toute l'humidité ; et, lorsque le vernis ne poisse plus, on retire la planche pour la laisser refroidir et finir de sécher à une température douce, à l'abri du contact d'un air humide. Je ne dois pas oublier de faire observer à ce sujet que c'est principalement en appliquant le vernis que cette précaution est indispensable. Dans ce cas, un disque léger, au centre duquel est fixée une courte tige que l'on tient à la bouche, suffit pour arrêter et condenser l'humidité de la respiration.

« La planche ainsi préparée peut être immédiatement soumise aux impressions du fluide lumineux ; mais même après y avoir été exposée assez de temps pour que l'effet ait eu lieu, rien n'indique qu'il existe réellement ; car l'empreinte reste inaperçue. Il s'agit donc de la dégager, et on n'y parvient qu'à l'aide d'un dissolvant. »

C'est le premier procédé dans lequel il soit question d'une *image latente ;* ici, elle est due à l'*insolubilité* du bitume impressionné par la lumière.

« **Du dissolvant. Manière de le préparer.** — Comme ce dissolvant doit être approprié au résultat que l'on veut

---

(1) Ceci était écrit en décembre.

obtenir, il est difficile de fixer avec exactitude les proportions de sa composition ; mais, toutes choses égales d'ailleurs, il vaut mieux qu'il soit trop faible que trop fort. Celui que j'emploie de préférence est composé d'une partie, non pas en poids mais en volume, d'huile essentielle de lavande sur dix parties, même mesure, d'*huile de pétrole blanche*. Le mélange, qui devient d'abord laiteux, s'éclaircit parfaitement au bout de deux ou trois jours. Ce composé peut servir plusieurs fois de suite. Il ne perd sa propriété dissolvante que lorsqu'il approche du terme de saturation : ce qu'on reconnaît parce qu'il devient opaque et d'une couleur très foncée ; mais on peut le distiller et le rendre aussi bon qu'auparavant.

« La plaque ou planche vernie étant retirée de la chambre obscure, on verse dans un vase de fer-blanc d'un pouce (1) de profondeur, plus long et plus large que la plaque, une quantité de dissolvant assez considérable pour que la plaque en soit totalement recouverte. On la plonge dans le liquide, et, en la regardant sous un certain angle dans un faux jour, on voit l'empreinte apparaître et se découvrir peu à peu, quoique encore voilée par l'huile qui surnage plus ou moins saturée de vernis. On enlève alors la plaque, et on la pose verticalement pour laisser bien égoutter le dissolvant. Quand il ne s'en échappe plus, on procède à la dernière opération, qui n'est pas la moins importante.

« **Du lavage. Manière d'y procéder.** — Il suffit d'avoir pour cela un appareil fort simple composé d'une planche de quatre pieds (2) de long, et plus large que la plaque. Cette planche est garnie sur champ, dans sa longueur, de deux liteaux bien joints faisant une saillie de deux pouces (3). Elle est fixée à un support par son extrémité supérieure à l'aide de charnières qui permettent de l'incliner à volonté, pour donner à l'eau que l'on verse le degré de vitesse nécessaire. L'extrémité inférieure de la planche aboutit dans un

---

(1) Environ 2 centimètres et demi.
(2) Environ 1m.3o.
(3) Environ 5 centimètres.

vase destiné à recevoir le liquide qui s'écoule. On place la plaque sur cette planche inclinée ; on l'empêche de glisser en l'appuyant contre deux petits crampons qui ne doivent pas dépasser l'épaisseur de la plaque. Il faut avoir soin, dans cette saison-ci, de se servir d'eau tiède. On ne la verse pas sur la plaque, mais au-dessus, afin qu'en y arrivant elle fasse nappe et enlève les dernières portions d'huile adhérente au vernis.

« C'est alors que l'empreinte se trouve complètement dégagée et partout d'une grande netteté, si l'opération a été bien faite, et surtout si on a pu disposer d'une chambre noire perfectionnée.

« ***Application des procédés héliographiques.*** — Le vernis employé pouvant s'appliquer indifféremment sur pierre, sur métal et sur verre, sans rien changer à la manipulation, je ne m'arrêterai qu'au mode d'application sur argent plaqué et sur verre, en faisant toutefois remarquer, quant à la gravure sur cuivre, que l'on peut sans inconvénient ajouter à la composition du vernis une petite quantité de cire dissoute dans l'huile essentielle de lavande.

« Jusqu'ici l'argent plaqué me semble être ce qu'il y a de mieux pour la reproduction des images, à cause de sa blancheur et de son éclat. Une chose certaine, c'est qu'après le lavage, pourvu que l'empreinte soit bien sèche, le résultat obtenu est déjà satisfaisant. Il serait pourtant à désirer que l'on pût, en noircissant la planche, se procurer toutes les dégradations de teintes du noir au blanc. Je me suis donc occupé de cet objet, en me servant d'abord de sulfure de potasse liquide ; mais il attaque le vernis quand il est concentré, et, si on l'allonge d'eau, il ne fait que rougir le métal. Ce double inconvénient m'a forcé d'y renoncer. La substance que j'emploie maintenant, avec plus d'espoir de succès, est l'*iode,* qui a la propriété de se vaporiser à la température de l'air. Pour noircir la planche par ce procédé, il ne s'agit que de la dresser contre une des parois intérieures d'une boîte ouverte dans le dessus, et de placer quelques grains d'iode dans une petite rainure pratiquée le long du côté opposé, dans le fond de la boîte. On la couvre ensuite d'un verre pour juger de l'effet, qui s'opère moins vite mais bien plus sûrement. On peut alors enlever le vernis avec l'alcool, et il ne reste plus aucune trace de l'empreinte primitive. Comme ce procédé est encore tout nouveau pour moi, je me bornerai à cette simple modification, en attendant que l'expérience m'ait mis à portée de recueillir là-dessus des détails plus circonstanciés. »

Voici ce qui se passe : les parties du bitume qui correspondent aux clairs des images deviennent insolubles et restent sur la plaque ; celles qui correspondent aux ombres sont enlevées par le dissolvant et laissent le métal à nu : si l'on soumet ensuite à la vapeur d'iode, celle-ci attaque d'autant plus le métal qu'il est recouvert d'une couche plus mince de vernis. Ces endroits noircissent plus ou moins. Enfin, si l'on fait disparaître le vernis formant réserve, le métal apparaît dans toute sa blancheur et reconstitue les clairs. On a donc ainsi un *positif* sur plaque d'argent ; les clairs et les ombres sont rétablis par cette opération dans leur ordre naturel.

Il est essentiel de remarquer que le noircissement est dû en grande partie à l'action de la lumière sur l'*iodure d'argent* formé par la combinaison de la vapeur d'iode avec la surface de la plaque. Une preuve en est dans ce fait, signalé plus haut, que, si l'on couvre la boîte d'un verre, « l'effet s'opère *moins vite*, mais bien plus sûrement » : on comprend que l'effet soit plus sûr puisque la vapeur d'iode ne peut plus s'échapper et reste concentrée, et ce devrait être une cause d'accélération du noircissement, si la perte de lumière provenant de l'absorption du verre ne jouait un rôle retardateur. Ce noircissement de l'iodure d'argent a fait naître l'idée du daguerréotype, et nous constatons ici que l'usage en est indiqué bien clairement dans le document remis par Niepce à Daguerre.

« Deux essais de points de vue sur verre, pris dans la chambre obscure, m'ont offert des résultats qui, bien que défectueux, me semblent devoir être rapportés, parce que ce genre d'application peut se perfectionner plus aisément et devenir par la suite d'un intérêt tout particulier.

« Dans l'un de ces essais, la lumière, ayant agi avec moins d'intensité, a découvert le vernis de manière à rendre les dégradations de teintes beaucoup mieux senties ; de sorte que l'empreinte, vue par *transmission,* reproduit jusqu'à un certain point les effets connus du *diorama.*

« Dans l'autre essai, au contraire, où l'action du fluide lumineux a été plus intense, les parties les plus éclairées, n'ayant pas été attaquées par le dissolvant, sont restées transparentes, et la différence des teintes résulte uniquement de l'épaisseur relative des couches plus ou moins opaques du vernis. Si l'empreinte est vue par *réflexion*, dans un miroir, du côté verni et sous un angle déterminé, elle produit beaucoup d'effet, tandis que, vue par *transmission*, elle ne présente qu'une image confuse et incolore ; et, ce qu'il y a d'étonnant, c'est qu'elle paraît affecter les couleurs locales de certains objets. En méditant sur ce fait remarquable, j'ai cru pouvoir en tirer des inductions qui permettraient de le rattacher à la théorie de Newton sur le phénomène des anneaux colorés. Il suffirait, pour cela, de supposer que tel rayon prismatique, le rayon vert par exemple, en agissant sur la substance du vernis et en se combinant avec elle, lui donne le degré de solubilité nécessaire pour que la couche qui en résulte après la double opération du dissolvant et du lavage *réfléchisse la couleur verte.* Au reste, c'est à l'observation seule à constater ce qu'il y a de vrai dans cette hypothèse, et la chose me semble assez intéressante par elle-même pour provoquer de nouvelles recherches et donner lieu à un examen plus approfondi. »

Ce phénomène doit, en effet, être rapproché de celui des anneaux colorés, et s'explique par les différences d'épaisseur de la couche très mince de bitume qui recouvre le verre. On voit que le premier inventeur a lui-même touché à la photographie des couleurs et en a proposé l'étude à ses successeurs.

« **Observations.** — Quoiqu'il n'y ait, sans doute, rien de difficile dans l'emploi des moyens d'exécution que je viens de rapporter, il pourrait se faire, toutefois, qu'on ne réussît pas complètement de prime abord. Je pense donc qu'il serait à propos d'opérer en petit, en copiant des gravures à la *lumière diffuse,* d'après la préparation fort simple que voici :

« On vernit la gravure seulement du côté verso, de manière à la rendre bien transparente. Quand elle est parfaitement sèche, on l'applique du côté *recto* sur la planche vernie, à l'aide d'un verre dont on diminue la pression en inclinant la planche sous un angle de 45 degrés. On peut de la sorte, avec deux gravures ainsi préparées, et quatre petites plaques de doublé d'argent, faire plusieurs expériences dans la journée, même par un temps sombre, pourvu que le local soit à l'abri du froid et surtout de l'humidité qui, je le répète, détériore le vernis à un tel point qu'il se détache par couches de la planche, quand on la plonge dans le dissolvant. C'est ce qui m'empêche de me servir de la chambre noire durant la mauvaise saison. En multipliant les expériences dont je viens de parler, on sera bientôt parfaitement au fait de tous les procédés de la manipulation.

« Relativement à la manière d'appliquer le vernis, je dois rappeler qu'il ne faut l'employer qu'en consistance assez épaisse pour former une couche compacte et aussi mince qu'il est possible, parce qu'il résiste mieux à l'action du dissolvant, et devient d'autant plus sensible aux impressions de la lumière.

« A l'égard de l'*iode* pour noircir les épreuves sur argent plaqué, comme à l'égard de l'*acide* pour graver sur cuivre, il est essentiel que le vernis, après lavage, soit tel qu'il est désigné dans le deuxième essai sur verre rapporté ci-dessus ; car alors il est bien moins perméable soit à l'acide, soit aux émanations de l'iode, principalement dans les parties où il a conservé toute sa transparence, et ce n'est qu'à cette condition que l'on peut, même à l'aide du meilleur appareil d'optique, se flatter de parvenir à une complète réussite.

« **Additions.** — Quand on ôte la planche vernie pour la faire sécher, il ne faut pas seulement la garantir de l'humidité, mais avoir soin de la mettre à l'abri du contact de la lumière.

« En parlant des expériences faites à la lumière diffuse, je n'ai rien dit de ce genre d'expérience sur verre. Je vais y suppléer pour ne pas omettre une amélioration qui lui est particulière. Elle consiste simplement à placer sous la plaque de verre un papier noir, et à interposer un cadre de carton entre la plaque, du côté verni, et la gravure qui doit avoir été préalablement collée au cadre de manière à être bien tendue. Il résulte de cette disposition que l'image paraît beaucoup plus vive que sur un fond blanc, ce qui ne peut que contribuer à la promptitude de l'effet ; et, en second lieu, que le vernis n'est pas exposé à être endommagé par suite du contact immédiat de la gravure, comme dans l'autre procédé, inconvénient qu'il n'est pas aisé d'éviter par un temps chaud, le vernis fût-il même très sec.

« Mais cet inconvénient se trouve bien compensé par l'avantage qu'ont les épreuves sur argent plaqué de résister à l'action du lavage, tandis qu'il est rare que cette opération ne détériore pas plus ou moins les épreuves sur verre, substance qui offre moins d'adhérence au vernis, à raison de sa nature et de son poli plus parfait. Il s'agissait donc, pour remédier à cette défectuosité, de donner plus de *mordant* au vernis, et je crois y être parvenu, autant du moins qu'il m'est permis d'en juger d'après des expériences trop récentes et trop peu nombreuses. Ce nouveau vernis consiste dans une *solution de bitume de Judée dans l'huile animale de Dippel* (1), qu'on laisse évaporer, à la température atmosphérique, au degré de consistance requise. Il est plus onctueux, plus tenace et plus coloré que l'autre, et l'on peut, après qu'il a été appliqué, le soumettre de suite aux impressions du fluide lumineux qui paraît le solidifier plus promptement, parce que la grande volatilité de l'huile animale fait qu'il sèche beaucoup plus vite. »

Fait double le 5 Décembre 1829.

Signé : J. N. NIEPCE.

Tel est le détail du procédé au bitume de Judée, dont nous retrouverons la suite à propos des recherches de Niepce de Saint-Victor.

---

(1) Chimiste allemand mort en 1754 (Fouque).

DAGUERRE

I

Daguerre est né le 18 novembre 1787 à Cormeilles-en-Parisis (Seine-et-Oise). Son père, alors premier huissier audiencier du bailliage, quitta bientôt cette localité pour aller habiter Orléans comme employé au domaine de la couronne.

A seize ans, le jeune Daguerre, qui montrait des aptitudes très prononcées pour le dessin, entra dans l'atelier du peintre décorateur Degotti; doué d'une grande facilité d'exécution, d'une entente parfaite des effets de perspective et des ressources de l'éclairage, il ne tarda pas à devenir le collaborateur de Prévost pour l'exécution d'un grand nombre de panoramas, puis s'associa à Bouton en 1822 pour l'invention et la construction du Diorama.

Ce spectacle, qui a excité l'enthousiasme des contemporains, donnait l'illusion des scènes de la nature; les premiers plans étaient formés par des objets réels, le fond par une peinture sur toile; la transition était si habilement ménagée, les jeux de lumière si judicieusement combinés, par une substitution progressive d'un éclairage par transparence à un premier éclairage direct, que l'illusion était complète.

Est-il étonnant qu'un tel artiste, qui utilisait la chambre noire à des croquis d'après nature, ait été séduit par l'idée de fixer les fidèles et brillantes images créées par l'objectif?

L'année 1824 est indiquée par Daguerre, dans l'avertissement de son ouvrage sur le daguerréotype, comme le point de départ « de recherches dont le seul but était de fixer l'image de la chambre obscure ». Dès lors il y consacra tous ses efforts avec une véritable passion.

Comme Wedgwood et Davy, comme Niepce, il ne manqua pas de débuter par un papier aux sels d'argent; nous n'en connaissons la composition que par une communication faite plus tard, en 1839, à l'Académie des Sciences (voir II). Ce papier semble dater de 1826.

Vers la même époque, Daguerre se livrait à des recherches sur des poudres phosphorescentes capables de restituer la couleur de la lumière qu'elles avaient reçue; ces essais ne furent pas continués.

Il en était là lorsqu'il apprit les résultats obtenus par Niepce et entra en relation avec lui (voir Niepce). Après l'association de 1829, il entreprit d'abord de perfectionner le procédé que celui-ci lui apportait; c'est ainsi qu'il substitua au bitume de Judée la dissolution dans l'alcool du résidu que laisse l'évaporation de l'huile de lavande, et au dissolvant la seule action de vapeurs d'huile de pétrole qui pénétraient le vernis dans les endroits non impressionnés par la lumière en les rendant clairs et transparents; il mettait ensuite sous verre la plaque d'argent, dont l'enduit ne devait pas être très stable. Ces modifications n'eurent d'ailleurs aucune suite.

En même temps, Daguerre engageait Niepce dans de nouvelles recherches sur l'iodure d'argent, mais sans succès (voir IV), car il restait à surmonter les deux difficultés pour lesquelles Niepce avait autrefois renoncé à son papier sensible: image négative et absence de fixage.

Telle était la situation après la mort de Niepce.

« Tout à coup, dit M. Charles Chevalier (1), Daguerre devint invisible! Renfermé dans un laboratoire qu'il avait fait disposer dans les bâtiments du Diorama, où il résidait, il se mit à l'œuvre avec une ardeur nouvelle, étudia la

---

(1) *Souvenirs historiques.*

chimie, et, pendant deux ans environ, vécut presque continuellement au milieu des livres, des matras, des cornues et des creusets. J'ai entrevu ce mystérieux laboratoire, mais il ne fut jamais permis ni à moi, ni à d'autres, d'y pénétrer... » Mme Daguerre craignit même que son mari ne devînt fou.

Mais l'obstacle fut vaincu. Le 9 mai 1835, un acte additionnel au traité de 1829 était signé entre Daguerre et M. Isidore Niepce; on y lit, en particulier, que Daguerre, à la suite de nombreuses observations, « a reconnu la possibilité d'obtenir un résultat plus avantageux sous le rapport de la promptitude, à l'aide d'un procédé qu'il a découvert. » Ce procédé était complet à la date du 13 juin 1837, à laquelle fut signé le traité définitif, par lequel la découverte devait porter le seul nom de Daguerre. « A mon arrivée à Paris, écrit M. Isidore Niepce à l'occasion de ce voyage, M. Daguerre me montra quelques épreuves qu'il avait obtenues par l'emploi de l'*iode* et du *mercure*. Elles excitèrent en moi la même admiration qu'ont partagée toutes les personnes qui les ont vues depuis! »

Une tentative de souscription publique ayant échoué, des démarches furent faites auprès du gouvernement et auprès de François Arago, l'illustre physicien, auquel Daguerre confia son procédé ainsi que celui de Niepce. Arago comprit immédiatement l'importance énorme de la photographie, et fit à ce sujet, le 7 janvier 1839, à l'Académie une communication dans laquelle il donnait une idée générale des résultats obtenus par Daguerre, mais sans aucune indication sur la nature de la méthode.

Les deux associés, mis en relation avec M. Tannegui Duchâtel, ministre de l'intérieur, s'engagèrent à céder leurs procédés à l'État, qui assurait une pension annuelle et viagère de 6,000 francs à Daguerre et de 4,000 francs au fils Niepce, le tout réversible sur les veuves.

Le projet de loi fut présenté le 15 juin à la Chambre des Députés, et voté le 3 juillet sur un rapport très favorable d'Arago; puis, la Chambre des Pairs y donna son approbation le 30 juillet après un discours de Gay-Lussac. Enfin les détails du procédé furent divulgués par Arago à l'Académie dans la séance mémorable du 19 août.

Daguerre a donné lui-même la description détaillée, et

même minutieuse, des manipulations du daguerréotype ; on en trouvera le texte ci-après (voir III).

Il serait bien intéressant de suivre pas à pas les idées qui l'ont conduit à ce perfectionnement du procédé de Niepce sur plaqué d'argent ; malheureusement il y a là une lacune qui n'est comblée qu'en partie par les indications que Daguerre a données à Arago dans une lettre de septembre 1839 (voir IV) et par la relation du daguerréotype avec l'action, utilisée par Niepce, de l'iode sur le plaqué d'argent.

Après 1839, Daguerre s'attacha à des perfectionnements de manipulation ; il annonça même qu'il était parvenu, en électrisant la plaque, à lui donner une extrême sensibilité, mais il n'en résulta rien de certain.

Retiré à Bry-sur-Marne, il y mourut le 10 juillet 1851 de la rupture d'un anévrisme, après avoir été témoin de l'enthousiasme soulevé par son procédé ; il était officier de la Légion d'honneur.

Son tempérament d'artiste l'avait conduit à modifier la découverte de Niepce dans le sens d'une plus grande rapidité d'impression et d'un rendu plus fin et plus délicat. Parmi les travaux de son associé, il avait pris comme origine de ses propres recherches, après bien des tâtonnements, la sensibilité de la couche d'iodure formée par les vapeurs d'iode sur la plaque d'argent ; mais, au lieu de laisser cette couche noircir à la lumière, il sut découvrir l'image latente produite par un éclairage de plus courte durée, et la faire apparaître par l'action des vapeurs de mercure. Le daguerréotype devait bientôt céder la place à d'autres procédés plus pratiques, mais il ne faut pas oublier que ces procédés en sont dérivés par le *développement d'une image latente*, sans lequel ils n'existeraient pas. Ce sera pour toujours le titre de gloire de Daguerre.

II

PRÉSENTATION DU PAPIER SENSIBLE DE DAGUERRE A
L'ACADÉMIE, PAR BIOT (1).

« M. Daguerre ayant appris par moi le grand service qu'il
pourrait rendre aux physiciens en leur indiquant pour leurs
expériences une préparation qui fût plus promptement sensible à l'action de la lumière que ne sont celles qui ont été
jusqu'ici publiées, il a bien voulu m'en faire connaître une
qu'il avait obtenue dès 1826 et qui a éminemment cet avantage. Comme, d'ailleurs, celle qu'il emploie aujourd'hui pour
ses tableaux est encore bien plus prompte, qu'elle reproduit
les clairs et les ombres avec leurs caractères propres, et
qu'enfin elle est fondée sur des principes tout à fait différents de celle dont il m'a parlé, il m'a autorisé à présenter
celle-ci de sa part à l'Académie ; et je me suis chargé de
cette mission d'autant plus volontiers que j'ai plus récemment regretté de n'avoir pas à ma disposition un pareil instrument de recherches : peu importe, en effet, pour de
simples expériences de physique, que les clairs et les ombres
des objets soient ou ne soient pas intervertis, pourvu que
l'effet de la radiation soit manifesté presque instantanément.

« Voici la recette indiquée par M. Daguerre, recette dont
il a réalisé en quelques instants l'exécution devant moi, et
dont il m'a fait constater immédiatement l'excessive sensibilité, à la faible lumière diffuse que donnait hier l'atmosphère à travers les vitres d'une fenêtre à quatre heures et
demie du soir.

« Prenez du papier sans colle ou collé légèrement, comme

<hr>

(1) Comptes rendus de l'Académie des Sciences, 18 février 1839.

du papier d'impression ; trempez-le dans de l'éther muriatique, *faiblement acidifié par l'effet de la décomposition lente qu'il éprouve avec le temps* ; ou bien encore, appliquez ce liquide avec un pinceau-brosse assez doux ; laissez sécher à l'air, ou faites sécher à une douce chaleur. Mais, de manière ou d'autre, attendez que la dessiccation soit tout à fait complète : cela est très essentiel.

« Prenez alors une dissolution de nitrate d'argent dans l'eau distillée, dissolution qu'il convient de tenir habituellement à l'abri de la lumière dans un flacon parfaitement bouché à l'émeri ; et trempez-y le papier séché qui a été imprégné d'éther muriatique. Vous pouvez aussi étendre cette dissolution avec un pinceau très doux ; mais, comme on est alors obligé de l'étendre par raies successives et contiguës, M. Daguerre trouve que les bords par lesquels ces raies se touchent, étant, d'après la nécessité de leur succession même, accolés l'un à l'autre dans des conditions physiques différentes, ils prennent des états électriques dissemblables dans la ligne de contact ; ce qui fait qu'ensuite cette ligne est peu sensible à la lumière et se dessine en raies blanchâtres sur le fond. On évite cet inconvénient en trempant le papier dans le nitrate, ou en versant ce liquide sur une seule de ses faces avec égalité. Au reste, cette particularité, qui serait d'une grande conséquence pour les dessins, est sans inconvénient pour des expériences de physique, à moins que l'on eût à faire des comparaisons d'une extrême rigueur.

« Faites alors sécher ce papier dans l'obscurité ; et, si vous voulez accélérer la dessiccation par la chaleur, ne l'employez qu'excessivement faible. Car, lorsque cette préparation est encore humide, la radiation calorifique, même émanée des corps non lumineux, agit sur elle dans le même sens que la lumière pour la colorer. Si vous ne devez pas opérer de suite avec le papier ainsi préparé, il faut le serrer et le presser dans un livre ou dans un portefeuille, pour que, non seulement la lumière, mais l'air, ne puisse pas circuler autour.

« Ce papier, étant exposé à la lumière solaire ou à la lumière diffuse, soit directe, soit transmise à travers un écran de verre diaphane, se colore avec une promptitude extraordinaire, surtout s'il est encore humide ; et il marque déjà des teintes très sensibles avant que le nitrate montre les moindres traces d'altération. La différence de rapidité se soutient dans toutes les phases de coloration par lesquelles le papier passe ; et elle se manifeste à une époque quelconque par l'excès actuel de coloration de la portion préalablement imprégnée d'éther muriatique. On peut la fixer définitivement à tel degré voulu, et arrêter tout progrès ultérieur, en enlevant le nitrate qui n'est pas encore entré en combinaison. Pour cela, il suffit de baigner le papier dans une quantité d'eau suffisante pour le bien laver ; alors, quand il est bien séché, mais sans chaleur, il n'est plus impressionnable à la lumière. Si l'on ne tient pas à conserver ce papier dans un état fixe et immuable de coloration, il suffit de le tenir enfermé à l'ombre dans un portefeuille et de ne le regarder qu'à la lumière artificielle, surtout pendant les premiers jours qui suivent sa préparation. Car, à mesure que l'on s'éloigne de cette époque, sa sensibilité s'affaiblit, et il finit par n'être plus que très lentement excitable. M. Daguerre a remarqué que le lavage n'est pas également efficace sur toutes les pâtes de papier ; mais, n'ayant pas trouvé dans cette préparation les qualités qu'il désirait sous le rapport de l'art, il n'a pas cru devoir s'en occuper plus longtemps...

« Tout liquide quelconque, étant appliqué sur le papier, au lieu de l'éther muriatique acidifié, et avant le nitrate, détermine une teinte d'un ton différent et plus ou moins facilement impressionnable. La qualité même de la pâte dont le papier est fait, qu'il soit collé ou non, détermine aussi des différences de nuances. »

Ce papier n'est plus simplement préparé au nitrate, comme celui de Wedgwood-Davy : il est préalablement traité par l'éther chlorhydrique, résultat de l'action de l'acide chlorhydrique sur l'alcool. Cet éther, *qui commence à s'acidifier*, est en état moléculaire instable et se prête, sous l'influence de la chaleur ou de la lumière, à une décomposition rapide qui facilite la réduction du nitrate d'argent. Le fixage par simple lavage à l'eau peut être assez complet en raison du choix du papier, lequel est privé ou à peu près de l'encollage qui contribue à retenir le nitrate. En somme, ce papier est susceptible de rendre service dans certains cas, ainsi que le fait remarquer Biot. Mais le renversement des clairs et des ombres, le manque de finesse, l'incertitude du procédé ne pouvaient satisfaire Daguerre : c'est pour ces raisons qu'il l'a abandonné.

III

DESCRIPTION PRATIQUE DU PROCÉDÉ NOMMÉ LE DAGUER-
RÉOTYPE, PAR DAGUERRE (1).

« Les épreuves se font sur des feuilles d'argent plaquées
sur cuivre. Bien que le cuivre serve principalement à soutenir la feuille d'argent, l'assemblage de ces deux métaux
concourt à la perfection de l'effet. L'argent doit être le plus
pur possible. Quant au cuivre, son épaisseur doit être suffisante pour maintenir la planimétrie de la plaque, afin de ne
pas déformer les images ; mais il faut éviter de lui en donner
plus qu'il n'en faut pour atteindre ce but, à cause du poids
qui en résulterait. L'épaisseur de ces deux métaux réunis ne
doit pas excéder celle d'une forte carte.

« Le procédé se divise en cinq opérations :

« La première consiste à polir et à nettoyer la plaque
pour la rendre propre à recevoir la couche sensible ;

« La deuxième, à appliquer cette couche ;

« La troisième, à soumettre dans la chambre noire la
plaque préparée à l'action de la lumière, pour y recevoir
l'image de la nature ;

« La quatrième, à faire paraître cette image qui n'est pas
visible en sortant de la chambre noire ;

« Enfin, la cinquième a pour but d'enlever la couche sensible, qui continuerait à être modifiée par la lumière et ten-
drait nécessairement à détruire tout à fait l'épreuve. »

On remarquera l'extrême minutie avec laquelle les différentes
opérations sont exposées ; cet amour du détail caractérise l'œuvre de

---

(1) Tel est le titre sous lequel Daguerre a publié cette note dans son

Daguerre et se reflète dans la délicatesse même des images du procédé auquel il s'est arrêté.

« *Première opération*. — Il faut, pour cette opération : un petit flacon d'huile d'olives ; du coton cardé très fin ; de la ponce broyée excessivement fine, enfermée dans un nouet de mousseline assez claire pour que la ponce puisse passer facilement en secouant le nouet ; un flacon d'acide nitrique étendu d'eau dans la proportion d'une partie (en volume) d'acide contre seize parties d'eau distillée ; un châssis en fil de fer, sur lequel on pose les plaques pour les chauffer à l'aide d'une lampe à esprit de vin ; enfin, une petite lampe à esprit de vin.

« Comme nous l'avons dit plus haut, les épreuves se font sur argent plaqué. La grandeur de la plaque est limitée par la dimension des appareils. Il faut commencer par la bien polir. A cet effet, on la saupoudre de ponce (en secouant sans toucher la plaque), et, avec du coton imbibé d'un peu d'huile d'olives, on la frotte légèrement en arrondissant (1). Il faut pour cette opération poser les plaques sur une feuille de papier qu'on aura soin de renouveler de temps en temps.

« Il faut mettre de la ponce à plusieurs reprises, et changer plusieurs fois de coton. (Le mortier qu'on emploiera pour pulvériser la ponce ne devra être ni en fonte, ni en cuivre, mais en porphyre. On la broiera ensuite sur une glace dépolie avec une molette en verre en se servant d'eau bien pure. On ne devra employer la ponce que lorsqu'elle sera parfaitement sèche). On conçoit combien il est important que la ponce soit assez fine pour ne pas rayer, puisque c'est du poli parfait de la plaque que dépend, en grande partie, la beauté de l'épreuve. Quand la plaque est bien polie, il s'agit de la dégraisser, ce qui se fait en la saupoudrant de ponce, et en la frottant à sec avec du coton, tou-

---

ouvrage intitulé : *Historique et description des procédés du Daguerréotype et du Diorama* (Susse frères, éditeurs, 1839).

(1) Nous ne reproduisons pas ici les figures qui accompagnent le texte original, parce qu'il est facile de les restituer par la pensée,

jours en arrondissant. (Il est impossible d'obtenir un bon résultat en frottant autrement). On fait ensuite un petit tampon de coton qu'il faut imbiber d'un peu d'acide étendu d'eau (comme il est ci-dessus désigné) ; pour cela, on applique le tampon de coton sur le goulot du flacon, et on le renverse sens dessus dessous, en appuyant légèrement, de manière que le centre du tampon soit imbibé d'acide, sans en être profondément imprégné ; il en faut très peu, et il faut éviter que les doigts en soient mouillés. Alors on frotte la plaque avec le tampon, en ayant soin d'étendre parfaitement l'acide sur toute la surface de la plaque. On change le coton et on frotte, toujours en arrondissant, afin de bien étendre la couche d'acide qui cependant ne doit, pour ainsi dire, qu'effleurer la surface de la plaque. Il arrivera que l'acide appliqué sur la surface de la plaque se divisera en globules, qu'on ne détruira qu'en changeant le coton et en frottant de manière à étendre bien également l'acide, car les endroits où il n'aurait pas pris feraient des taches. On s'aperçoit que l'acide est bien également étendu lorsque la surface de la plaque est couverte d'un voile bien régulier sur toute son étendue. Ensuite, on saupoudre la plaque de ponce, et, avec du coton qui n'a pas servi, on la frotte très légèrement.

« Alors la plaque doit être soumise à une forte chaleur. A cet effet, on la place sur le châssis de fil de fer, l'argent en dessus, et on promène sous la plaque la lampe à esprit de vin, de manière que la flamme vienne s'y briser. Après avoir fait parcourir à la lampe, pendant au moins 5 minutes, toutes les parties de la plaque, il se forme à la surface de l'argent une légère couche blanchâtre, alors il faut cesser l'action du feu. La chaleur de la lampe peut être remplacée par celle d'un feu de charbon, qui est même préférable parce que l'opération est plus tôt terminée. Dans ce cas, le châssis en fil de fer est inutile ; car on pose la plaque sur des pincettes, l'argent en dessus, et on la fait aller et venir sur le fourneau de manière qu'elle soit également échauffée, et jusqu'à ce que l'argent se couvre d'une légère couche blanchâtre, comme il a été dit ci-dessus. On fait ensuite refroidir promptement la plaque en la plaçant sur un corps froid, tel qu'une table de marbre. Lorsqu'elle est refroidie, il faut la polir de nouveau ; ce qui se fait assez promptement, puisqu'il ne s'agit que d'enlever cette légère couche blanchâtre qui s'est formée sur l'argent. A cet effet, on saupoudre la plaque de ponce et on frotte à sec avec un tampon de coton ; on remet de la ponce à plusieurs reprises en ayant soin de changer souvent de coton. Lorsque l'argent est bien bruni, on le frotte, comme il a été dit ci-dessus, avec de l'acide étendu d'eau, et on le saupoudre d'un peu de ponce en frottant très légèrement avec un tampon de coton. Il faut remettre de l'acide à trois reprises différentes, en ayant soin chaque fois de saupoudrer la plaque de ponce et de la frotter à sec très légèrement avec du coton bien propre, en évitant que les parties du coton qui ont été touchées par les doigts frottent sur la plaque, parce que la transpiration ferait des taches sur l'épreuve. Il faut aussi éviter la vapeur humide de l'haleine, ainsi que les taches de salive.

« Quand on n'a pas l'intention d'opérer immédiatement, on ne met que deux fois de l'acide après l'opération du feu, ce qui permet de préparer ce travail d'avance, mais il faut, et c'est indispensable, au moment de faire une épreuve, remettre au moins une fois de l'acide et poncer légèrement comme il a été dit ci-dessus. Ensuite, on enlève avec du coton bien propre toute la poussière de ponce qui se trouve à la surface de la plaque ainsi que sur ses épaisseurs.

« *Deuxième opération.* — Pour cette opération il faut : la boîte figurée ; la planchette figurée ; quatre petites bandes métalliques, de même nature que les plaques ; un petit manche et une boîte de petits clous ; un flacon d'iode.

« Après avoir fixé la plaque sur la planchette au moyen des bandes métalliques et de petits clous que l'on enfonce avec le manche destiné à cet usage, il faut mettre de l'iode dans la capsule, afin que le foyer de l'émanation soit plus grand ; autrement, il se formerait au milieu de la plaque des iris qui empêcheraient d'obtenir une couche égale. On place alors la planchette, le métal en dessous, sur les petits goussets placés aux quatre angles de la boîte, dont on ferme le couvercle. Dans cette position, il faut la laisser jusqu'à ce que la surface de l'argent soit couverte d'une belle couche jaune d'or. Si on l'y laissait trop longtemps, cette couche jaune d'or passerait à une couleur violâtre, qu'il faut éviter parce qu'alors la couche n'est pas aussi sensible à la lumière. Si, au contraire, cette couche n'était pas assez jaune, l'image de la nature ne se reproduirait que très difficilement. Ainsi, la couche jaune d'or a sa nuance bien déterminée parce qn'elle est la seule bien favorable à la production de l'effet. Le temps nécessaire pour cette opération ne peut pas être déterminé parce qu'il dépend de plusieurs circonstances. D'abord, de la température de la pièce où l'on se trouve, car cette opération doit toujours être livrée à elle-même, c'est-à-dire qu'elle doit avoir lieu sans addition d'autre chaleur que celle qu'on pourrait donner à la température de la pièce dans laquelle on opère, s'il y faisait trop froid. Ce qui est très important dans cette opération, c'est que la température de l'intérieur de la boîte soit égale à celle de l'extérieur ; s'il en était autrement, il arriverait que la plaque, passant du froid au chaud, se couvrirait d'une petite couche d'humidité qui est très nuisible à l'effet. La seconde, c'est que plus on fait usage de la boîte, moins il faut de temps, parce que le bois est à l'intérieur pénétré de la vapeur d'iode, et que cette vapeur tend toujours à se dégager, et qu'en se dégageant de toutes les parties de l'intérieur, cette vapeur se répand bien plus également et plus promptement sur toute la surface de la plaque, ce qui est très important. C'est pour cela qu'il est bon de laisser toujours un peu d'iode dans la capsule qui se trouve au fond de la boîte, et de conserver cette dernière à l'abri de l'humidité. Il est donc évident que la boîte est préférable lorsqu'elle a servi quelque temps, puisque l'opération est alors plus prompte. »

Plus tard, Daguerre abrègera cette opération en saturant une planche avec la vapeur d'iode.

« Puisque, en raison des causes désignées ci-dessus, on ne peut fixer au juste le temps nécessaire pour obtenir la couche jaune d'or (ce temps pouvant varier de cinq minutes à trente, rarement davantage à moins qu'il ne fasse trop froid), on conçoit qu'il est indispensable de regarder la plaque de temps en temps pour s'assurer si elle a atteint le *degré* de jaune désigné ; mais il est important que la lumière ne vienne pas frapper directement dessus. Il peut arriver que la plaque se colore plus d'un côté que de l'autre ; dans ce cas, pour égaliser la couche, on aura soin, en remettant la planchette sur la boîte, de la retourner non pas sens dessus dessous, mais bout pour bout. Il faut donc mettre la boîte dans une pièce obscure où le jour n'arrive que très faiblement par la porte qu'on laisse un peu entr'ouverte, et, lorsqu'on veut regarder la plaque, après avoir enlevé le couvercle de la boîte, on prend la planchette par les extrémités avec les deux mains, et on la retourne promptement ; il suffit alors que la plaque réfléchisse un endroit un peu éclairé et autant que possible éloigné, pour qu'on s'aperçoive si la couleur jaune est assez foncée. Il faut remettre très promptement la plaque sur la boîte si la couche n'a pas atteint le ton jaune d'or ; si, au contraire, cette teinte était dépassée, la couche ne pourrait pas servir et il faudrait recommencer entièrement la première opération.

« A la description, cette opération peut paraître difficile, mais avec un peu d'habitude on parvient à savoir à peu près le temps nécessaire pour arriver à la couleur jaune, ainsi qu'à regarder la plaque avec une grande promptitude, de manière à ne pas donner à la lumière le temps d'agir.

« Lorsque la plaque est arrivée au degré de jaune nécessaire, il faut emboîter la planchette dans le châssis, qui s'adapte à la chambre noire. Il faut éviter que le jour frappe sur la planche ; pour cela, on peut l'éclairer avec une bougie, dont la lumière a beaucoup moins d'action ; il ne faudrait pas cependant que cette lumière frappât trop longtemps sur la plaque, car elle y laisserait des traces.

« On passe ensuite à la troisième opération, qui est celle de la chambre obscure. Il faut autant que possible passer immédiatement de la seconde opération à la troisième, ou ne pas laisser entre elles plus d'une heure d'intervalle ; au delà de ce temps la combinaison de l'iode et de l'argent n'a plus la même propriété.

« *Observations.* — Avant de se servir de la boîte, il faut d'abord bien en essuyer l'intérieur, et la renverser pour en faire tomber toutes les petites parcelles d'iode qui tacheraient les doigts. La capsule doit être couverte d'une gaze tendue sur un anneau ; cette gaze a pour but de régulariser l'évaporation de l'iode, et en même temps d'empêcher, quand on ferme le couvercle de la boîte, que la compression de l'air qui en résulte ne fasse voltiger des particules d'iode qui arriveraient jusqu'à la plaque et y feraient de fortes taches. C'est pour cette cause qu'il faut toujours fermer la boîte très doucement.

« *Troisième opération*. — L'appareil nécessaire à cette opération se borne à la chambre noire.

« La troisième opération est celle qui a lieu sur la nature dans la chambre noire. Il faut autant que possible choisir les objets éclairés par le soleil, parce qu'alors l'opération est plus prompte. On conçoit aisément que, cette opération ne se produisant que par l'effet de la lumière, cette action est d'autant plus prompte que les objets sont plus fortement éclairés et qu'ils sont, de leur nature, plus blancs.

« Après avoir placé la chambre obscure en face du point de vue ou des objets quelconques dont on désire fixer l'image, l'essentiel est de bien mettre au foyer, c'est-à-dire de façon que les objets soient représentés avec une grande netteté, ce que l'on obtient facilement en avançant ou en reculant le châssis de la glace dépolie qui reçoit l'image de la nature. Lorsqu'on a atteint une grande précision, on fixe la partie mobile de la chambre obscure au moyen du bouton à vis destiné à cet usage, puis on retire le châssis de la glace, en ayant soin de ne pas déranger la chambre noire, et on le remplace par l'appareil qui contient la plaque et qui prend exactement la place du châssis. Quand cet appareil est bien assujetti par les petits tourniquets de cuivre, on ferme l'ouverture de la chambre noire, puis on ouvre les portes intérieures de l'appareil par le moyen des deux demi-cercles. Alors la plaque se trouve prête à recevoir l'impression de la vue ou des objets que l'on a choisis. Il ne reste plus qu'à ouvrir le diaphragme de la chambre noire et à consulter une montre pour compter les minutes. »

On trouve ici la description de la méthode encore suivie aujourd'hui pour l'emploi de la chambre noire ; il n'y a rien de changé dans cet emploi : le matériel seul a été amélioré et allégé.

« Cette opération est très délicate, parce que rien n'est visible, et qu'il est de toute impossibilité de déterminer le temps nécessaire à la reproduction puisqu'il dépend entièrement de l'intensité de lumière des objets que l'on veut reproduire ; ce temps peut varier, pour Paris, de 3 à 30 minutes au plus.

« Il faut aussi remarquer que les saisons, ainsi que l'heure du jour, influent beaucoup sur la promptitude de l'opération. Les moments les plus favorables sont de 7 à 3 heures ; et ce que l'on obtient à Paris dans 3 ou 4 minutes aux mois de juin et de juillet exigera 5 ou 6 minutes dans les mois de mai et d'août, 7 ou 8 en avril et en septembre, et ainsi de suite dans la même proportion à mesure qu'on avance dans la saison. Ceci n'est qu'une donnée générale pour les objets très éclairés, car il arrive souvent qu'il faut 20 minutes dans les mois les plus favorables lorsque les objets sont entièrement dans la demi-teinte.

« On voit, d'après ce qui vient d'être dit, qu'il est impossible de préciser avec justesse le temps nécessaire pour obtenir les épreuves ; mais avec un peu d'habitude on parvient facilement à l'apprécier. On conçoit que dans le midi de la France, et généralement dans tous les pays où la lumière a beaucoup d'intensité, comme en Espagne, en Italie, etc., les épreuves doivent se faire plus promptement. Il est aussi très important de ne pas dépasser le temps nécessaire pour la reproduction, parce que les clairs ne seraient plus blancs, ils seraient noircis par l'action trop prolongée de la lumière. Si, au contraire, le temps n'était pas suffisant, l'épreuve serait très vague et sans aucun détail.

« En supposant que l'on ait manqué une première épreuve en la retirant trop tôt ou en la laissant trop longtemps, on en commence une autre immédiatement, et l'on est bien sûr d'arriver juste ; il est même utile, pour acquérir beaucoup d'habitude, de faire quelques épreuves d'essai.

« Il en est de même ici que pour la couche. Il faut se hâter de faire subir à l'épreuve la quatrième opération aussitôt qu'elle sort de la chambre noire. Il ne faut pas mettre au delà d'un quart d'heure d'intervalle et on est bien plus certain de l'épreuve quand on peut opérer immédiatement.

« **Quatrième opération.** — Il faut pour cette opération : un flacon de mercure contenant au moins un kilo ; une lampe à esprit de vin ; l'appareil figuré ; un entonnoir en verre à long col.

« On verse, au moyen de l'entonnoir, le mercure dans la capsule qui est au fond de l'appareil, en assez grande quantité pour que la boule du thermomètre en soit couverte. Pour cela, il en faut à peu près un kilo ; ensuite, et à partir de ce moment, on ne peut s'éclairer d'une autre lumière que de celle d'une bougie.

« On retire la planchette, sur laquelle est fixée la plaque, de l'appareil qui la préserve du contact de la lumière, et on fait entrer cette planchette entre les coulisses de la planche noire dans l'appareil, sur les tasseaux qui la tiennent inclinée à 45 degrés, le métal en dessous, de manière qu'on puisse la voir à travers la glace ; puis on ferme le couvercle de l'appareil très lentement, afin que l'air refoulé ne fasse pas voltiger des parcelles de mercure.

« Lorsque tout est ainsi disposé, on allume la lampe à esprit de vin que l'on place sous la capsule contenant le mercure, et on l'y laisse jusqu'à ce que le thermomètre, dont la boule plonge dans le mercure, et dont le tube sort de la boîte, indique une chaleur de 60 degrés centigrades ; alors on s'empresse de retirer la lampe : si le thermomètre a monté rapidement, il continue à s'élever sans le secours de la lampe ; mais il faut observer qu'il ne doit pas dépasser 75 degrés.

« L'empreinte de l'image de la nature existe sur la plaque, mais elle n'est pas visible ; ce n'est qu'au bout de quelques minutes qu'elle commence à paraître, ce dont on peut s'assurer en regardant à travers la glace et en s'éclairant de la bougie, dont on évitera de laisser trop longtemps frapper la lumière sur la plaque, parce qu'elle y laisserait des traces. Il faut laisser l'épreuve jusqu'à ce que le thermomètre soit descendu à 45 degrés ; alors on la retire, et cette opération est terminée. »

Dans le procédé de Niepce au bitume, il y a bien image latente par suite de l'impression lumineuse, mais seulement par différence de solubilité : ici, la constitution de l'image latente est tout autre, et son développement s'effectue par la condensation de la vapeur de mercure sur les parties impressionnées.

« Lorsque les objets ont été fortement éclairés, et que l'on a laissé la lumière agir un peu trop longtemps dans la chambre noire, il arrive que cette opération est terminée avant même que le thermomètre soit descendu à 55 degrés ; on peut s'en assurer en regardant à travers la glace.

« Il est nécessaire, après chaque opération, de bien essuyer l'intérieur de l'appareil pour en enlever la petite couche de mercure qui s'y répand généralement. Il faut aussi avoir bien soin d'essuyer la planche noire afin qu'il n'y reste aucune apparence de mercure. Lorsqu'on est forcé d'emballer l'appareil pour le transporter, il faut remettre dans le flacon le mercure qui est dans la capsule, ce qui se fait en inclinant la boîte pour le faire couler par le petit robinet qui est pratiqué à cet effet.

« On peut regarder l'épreuve à un faible jour pour s'assurer qu'elle a bien réussi. On la détache de la planchette en enlevant les quatre petites bandes métalliques qu'il faut avoir soin de nettoyer avec de la ponce et un peu d'eau à chaque épreuve. On conçoit que ce nettoyage est nécessaire, puisque non seulement ces petites bandes sont recouvertes d'une couche d'iode, mais qu'elles ont aussi reçu une partie de l'image. On place la plaque dans la boîte à coulisse, jusqu'à ce qu'on puisse lui faire subir la cinquième et dernière opération, qu'on peut se dispenser de faire immédiatement, car l'épreuve peut être conservée dans cet état pendant plusieurs mois sans qu'elle subisse d'altération, pourvu cependant qu'on évite de la regarder souvent et au grand jour.

« *Cinquième opération.* — Le but de la cinquième opération est d'enlever de la plaque l'iode, qui, autrement, lorsque l'épreuve serait exposée trop longtemps à la lumière, continuerait à se décomposer et se détruirait.

« Il faut pour cette opération : de l'eau saturée de sel marin, ou une solution faible d'hyposulfite de soude pur ; l'appareil décrit ; deux bassins en cuivre étamé ; une bouillotte d'eau distillée.

« Pour enlever la couche d'iode, il faut prendre du sel commun qu'on introduit dans un bocal ou dans une bouteille à large ouverture ; on en met jusqu'au quart de la hauteur de la bouteille, que l'on remplit avec de l'eau claire. Pour aider à fondre le sel, on agite de temps en temps la bouteille. Quand l'eau est parfaitement saturée, c'est-à-dire lorsqu'elle ne peut plus dissoudre de sel, il faut la filtrer au papier gris, afin qu'il n'y reste aucune ordure et qu'elle soit parfaitement limpide. On prépare d'avance cette eau saturée de sel en assez grande quantité et on la conserve dans des bouteilles bouchées ; on évite par ce moyen d'en faire à chaque épreuve.

« On verse dans l'une des bassines de l'eau salée, jusqu'à peu près trois centimètres de sa hauteur ; on remplit l'autre d'eau pure ordinaire. Ces deux liquides doivent être chauffés sans être bouillants.

« On peut remplacer la solution de sel marin par une solution d'hyposulfite de soude pur ; cette dernière est même préférable, parce qu'elle enlève entièrement l'iode, ce qui n'a pas toujours lieu avec la solution de sel marin surtout lorsque les épreuves sont faites depuis longtemps. Du reste, l'opération est la même pour les deux solutions ; celle d'hyposulfite n'a pas besoin d'être chauffée, et il en faut une moins grande quantité ; puisqu'il suffit que la plaque en soit couverte dans le fond du bassin. »

La substitution de l'hyposulfite au chlorure de sodium pour le fixage doit être une conséquence de la communication faite par Talbot à l'Académie, en mars 1839, sur la propriété que possède l'hyposulfite de dissoudre le chlorure d'argent ; Talbot s'en servait alors, pour fixer son premier papier, d'après l'indication d'Herschel qui avait découvert cette propriété (voir Talbot).

« On trempe d'abord la plaque dans l'eau pure contenue dans la bassine. Il faut seulement la plonger sans la quitter, et la retirer immédiatement, car il suffit que la surface de la plaque ait été couverte d'eau ; puis, sans la laisser sécher, on la plonge de suite dans l'eau salée. Si on ne trempait d'abord la plaque dans l'eau pure avant de la plonger dans l'eau salée ou dans la solution d'hyposulfite, ces dernières y feraient des taches ineffaçables. Pour faciliter l'action de l'eau salée ou de l'hyposulfite, qui s'emparent de l'iode, on agite la plaque sans la faire sortir du liquide, au moyen d'un petit crochet en cuivre étamé que l'on passe en dessous de la plaque ; on la soulève et on la laisse redescendre à plusieurs reprises. Quand la couleur jaune a tout à fait disparu, on enlève la plaque et on la prend par les deux extrémités en serrant les mains sur les épaisseurs (afin que les doigts ne touchent pas l'épreuve), et on la plonge immédiatement dans la première bassine d'eau pure.

« On prend alors l'appareil et la bouillotte qui doit être très propre et dans laquelle on a fait bouillir de l'eau distillée. On retire la plaque de la bassine d'eau et on la place de suite sur le plateau incliné ; puis, sans lui donner le temps de sécher, on verse sur la surface et par le haut de la plaque l'eau distillée très chaude, sans cependant être bouillante, de manière qu'en tombant cette eau forme une nappe sur toute l'étendue de l'épreuve et entraîne avec elle toute la solution de sel marin ou d'hyposulfite, qui est déjà bien affaiblie par l'immersion de la plaque dans la première bassine (1).

« Il ne faut pas moins d'un litre d'eau distillée pour une épreuve de la grandeur indiquée. Il est rare qu'après avoir versé cette quantité d'eau chaude sur l'épreuve, il n'en reste quelques gouttes sur la plaque. Dans ce cas, il faut s'empresser de faire disparaître ces gouttes avant qu'elles aient eu le temps de sécher, car elles pourraient contenir quelques parcelles de sel marin et même d'iode ; on les enlève en soufflant fortement avec la bouche sur la plaque.

« On conçoit combien il est important que l'eau dont on se sert pour ce lavage soit pure ; car, en se séchant sur la surface de la plaque, malgré la rapidité avec laquelle elle a coulé, si cette eau contenait quelque matière en dissolution, il se formerait sur l'épreuve des taches nombreuses et ineffaçables.

« Pour s'assurer si l'eau peut convenir à ce lavage, on en

---

(1) « Si l'on emploie l'hyposulfite, l'eau distillée doit être versée moins chaude qu'avec le sel marin. »

verse une goutte sur une plaque brunie, et si, en la faisant évaporer à l'aide de la chaleur, elle ne laisse aucun résidu, on peut l'employer sans crainte. L'eau distillée ne laisse aucune trace.

« Après ce lavage, l'épreuve est terminée, il ne reste plus qu'à la préserver de la poussière et des vapeurs qui pourraient ternir l'argent. Le mercure qui dessine les images est en partie décomposé, il adhère à l'argent, il résiste à l'eau qu'on verse dessus, mais il ne peut soutenir aucun frottement.

« Pour conserver les épreuves, il faut les mettre sous verre et les coller ; elles sont alors inaltérables, même au soleil.

« Comme il est possible qu'on ne puisse en voyage s'occuper de l'encadrement des épreuves, on peut les conserver tout aussi bien en les enfermant dans une boîte comme celle représentée. On peut, pour plus de sûreté, coller de petites bandes de papier sur les joints du couvercle (1).

« Il est nécessaire de dire que les planches d'argent plaqué peuvent servir plusieurs fois, tant qu'on ne découvre pas le cuivre. Mais il est bien important d'enlever à chaque fois le mercure comme il a été dit, en employant la ponce avec l'huile et en changeant souvent de coton ; car, autrement, le mercure finit par adhérer à l'argent, et les épreuves que l'on obtient sur cet amalgame sont toujours imparfaites parce qu'elles manquent de vigueur et de netteté. »

Tous ces détails de manipulation montrent quels soins, quelles

---

(1) « L'auteur avait essayé de préserver les épreuves au moyen de différents vernis obtenus à l'aide de succin, de copal, de caoutchouc, de cire et de plusieurs résines ; mais il avait remarqué que, par l'application d'un vernis quelconque, les lumières des épreuves étaient considérablement atténuées et qu'en même temps les vigueurs étaient voilées. A cet inconvénient se joignait la décomposition du mercure par sa combinaison avec les vernis essayés ; cet effet, qui ne commençait à se développer qu'au bout de deux ou trois mois, finissait par détruire entièrement l'image. Du reste, il suffisait, pour que l'auteur rejetât entièrement l'usage des vernis, que leur application détruisît l'intensité des lumières, puisque le perfectionnement le plus à désirer dans ce procédé est, au contraire, le moyen d'augmenter cette intensité. »

précautions étaient nécessaires pour faire apparaître et pour garder ces finesses qui faisaient des images daguerriennes de véritables merveilles, et qui suscitaient un enthousiasme indescriptible dont l'écho nous parvient par les rapports d'Arago et de Gay-Lussac aux deux Chambres.

Arago, dans un style élevé, démontre que c'est bien une invention et qu'elle est destinée à rendre d'immenses services à l'archéologie, aux beaux-arts et à la science, prévisions que la photographie a largement dépassées ; il fait ressortir que cette découverte est bien française et que les autres pays ont renoncé à toute réclamation de priorité.

Gay-Lussac résume les titres qui rendent l'invention digne de la bienveillance et de la reconnaissance du pays :

« ... Appelés à donner notre opinion sur l'importance et l'avenir de la découverte de M. Daguerre, nous l'avons formée sur la perfection même des résultats, sur le rapport de M. Arago à la Chambre des Députés, et sur de nouvelles communications que nous avons reçues, tant de ce savant que de M. Daguerre. Notre conviction sur l'importance du nouveau procédé est devenue entière, et nous serions heureux de la faire partager à la Chambre.

« Il est certain que, par la découverte de M. Daguerre, la physique est aujourd'hui en possession d'un réactif extraordinairement sensible aux influences lumineuses, d'un instrument nouveau qui sera pour l'intensité de la lumière et les phénomènes lumineux ce que le microscope est pour les petits objets, et qu'il fournira à l'occasion de nouvelles recherches et de nouvelles découvertes. Déjà ce réactif a reçu très distinctement l'empreinte de la faible lumière de la lune, et M. Arago a conçu l'espérance d'une carte tracée par le satellite lui-même.

« La Chambre a pu se convaincre, par les épreuves qui ont été mises sous ses yeux, que les bas-reliefs, les statues, les monuments, en un mot la nature morte, sont rendus avec une perfection inabordable aux procédés ordinaires du dessin et de la peinture, et qui est égale à celle de la nature, puisque, en effet, les empreintes de M. Daguerre n'en sont que l'image fidèle.

« La perspective du paysage, de chaque objet, est retracée avec une exactitude mathématique ; aucun accident, aucun trait même inaperçu n'échappe à l'œil et au pinceau du nouveau peintre ; et, comme trois à quatre minutes suffisent à son œuvre, un champ de bataille, avec ses phases successives, pourra être relevé avec une perfection inaccessible à tout autre moyen.

« Les arts industriels, pour la représentation des formes ; le dessin, pour des modèles parfaits de perspective et d'entente de la lumière et des ombres ; les sciences naturelles, pour l'étude des espèces et de leur organisation, feront certainement du procédé de M. Daguerre de nombreuses applications. Enfin le problème de son application au portrait est à peu près résolu, et les difficultés qui restent encore à vaincre sont mesurées et ne peuvent laisser de doute sur le succès. Cependant, il ne faut pas oublier que les objets colorés ne sont point reproduits avec leurs propres couleurs, et que, les divers rayons lumineux n'agissant pas de la même manière sur le réactif de M. Daguerre, l'harmonie des ombres et des clairs dans les objets colorés est nécessairement altérée. C'est là un point d'arrêt tracé par la nature elle-même au nouveau procédé.

« ... Votre rapporteur ajoutera encore que, bien qu'il n'ait pas répété lui-même le procédé comme son honorable ami M. Arago, il le juge, par le récit qui lui en a été fait, comme très difficile à trouver, et comme ayant dû demander, pour arriver au degré de perfection où l'a porté M. Daguerre, beaucoup de temps, des essais sans nombre, et surtout une persévérance à toute épreuve, que ne fait qu'irriter l'insuccès et qui n'appartient qu'aux âmes fortes. Le procédé se compose, en effet, d'opérations successives, ne paraissant pas liées nécessairement les unes aux autres, et dont le résultat n'est pas sensible immédiatement après chacune d'elles, mais seulement après leur entier concours. Et assurément, si M. Daguerre eût voulu exécuter seul son procédé, ou ne le confier qu'à des personnes très sûres, il n'était pas à craindre qu'il lui fût enlevé.

« On se demandera peut-être alors, et, en effet, la question a déjà été faite, pourquoi, si le procédé de M. Daguerre était si difficile à trouver, il ne l'a pas exploité lui-même, et pourquoi, en dehors des lois si sages qui garantissent autant les intérêts des auteurs que ceux de la fortune publique, le Gouvernement s'est décidé à en faire l'acquisition pour le livrer au public. Nous répondrons à ces deux questions.

« Le principal avantage du procédé de M. Daguerre consiste à obtenir promptement, et cependant d'une manière très exacte, l'image des objets, soit pour la conserver, soit aussi pour la reproduire ensuite par les moyens de la gravure ou de la lithographie; et, dès lors, on conçoit que, concentré dans les mains d'un seul individu, il n'aurait point trouvé un aliment suffisant.

« Au contraire, livré à la publicité, ce procédé recevra dans les mains du peintre, de l'architecte, du voyageur, du naturaliste, une foule d'applications.

« Enfin, possédé par un seul, il resterait longtemps stationnaire et se flétrirait peut-être; devenu public, il grandira et s'améliorera du concours de tous.

« Ainsi, sous ces divers rapports, il était utile qu'il devînt une propriété publique.

Colson.

« Sous un autre rapport, enfin, le procédé de M. Daguerre devait fixer l'attention du Gouvernement et appeler sur son auteur une récompense solennelle.

« Pour ceux qui ne sont pas insensibles à la gloire nationale, qui savent qu'un peuple ne brille d'un plus grand éclat sur les autres peuples que par les progrès plus grands qu'il fait faire à la civilisation ; pour ceux-là, disons-nous, le procédé de M. Daguerre est une grande découverte. Il est l'origine d'un art nouveau au milieu d'une vieille civilisation, qui fera époque et sera conservé comme un titre de gloire ; et faudrait-il qu'il allât à la postérité escorté d'ingratitude ? Qu'il lui parvienne plutôt comme un éclatant témoignage de la protection que les Chambres, le Gouvernement de Juillet, le pays tout entier, accordent aux grandes découvertes... »

En lisant en entier cet éloquent discours et celui d'Arago, on constate, non sans un sentiment de tristesse, qu'il y est peu question de Niepce, qui est cependant le premier auteur de la photographie. C'est que la rapidité plus grande, l'extrême finesse, le cachet artistique du daguerréotype étaient mieux faits pour attirer l'attention générale et pour frapper les esprits que la lenteur du bitume de Judée et l'aspect moins délicat des planches de Niepce. Et pourtant, de ces deux procédés, c'est celui de Niepce qui a survécu, en raison de son utilisation aux reproductions multiples et inaltérables.

IV

LETTRE DE DAGUERRE, RELATIVE A SES IDÉES AU SUJET DU DAGUERRÉOTYPE (1).

« ... Il est bien prouvé par la correspondance de M. Niepce que j'ai découvert dans le mois de mai 1831 les propriétés de la lumière sur l'iode mis en contact avec l'argent. »

Avant d'aller plus loin, il importe de faire remarquer que cette assertion doit être accompagnée d'un correctif, ainsi qu'il résulte de la correspondance que Daguerre invoque ici : voici, en effet, les extraits qui ont rapport à la question dans deux lettres écrites par Niepce à Daguerre après l'association :

24 juin 1831. « J'attendais depuis longtemps de vos nouvelles avec trop d'impatience pour ne pas recevoir et lire avec le plus grand plaisir vos lettres des 10 et 21 mai dernier. Je me bornerai, pour le moment, à répondre à celle du 21, parce que, m'étant occupé, dès qu'elle m'est parvenue, de vos recherches sur l'iode, je suis empressé de vous faire part des résultats que j'ai obtenus. Je m'étais déjà livré à ces mêmes recherches antérieurement à nos relations ; mais sans espoir de succès, vu la presque impossibilité, selon moi, de fixer d'une manière durable les images reçues quand bien même on parviendrait à replacer les jours et les ombres dans leur ordre naturel. Mes résultats, à cet égard, avaient été totalement conformes à ceux que m'avait fournis l'emploi de l'oxyde d'argent ; et la promptitude était le seul avantage réel que ces deux substances parussent offrir. Cependant, Monsieur, l'an passé, après votre départ d'ici, je soumis l'iode à de nouveaux essais, mais d'après un autre mode d'applica-

---

(1) Cette lettre, adressée à Arago, a été communiquée à l'Académie le 30 septembre 1839 ; elle était motivée par les nombreux essais et prétendus perfectionnements qui n'avaient pas manqué de suivre la séance de divulgation du 19 août.

tion : je vous en fis connaître les résultats, et votre réponse peu satisfaisante me décida à ne pas pousser plus loin mes recherches. Il paraît que, depuis, vous avez envisagé la question sous un point de vue moins désespérant, et je n'ai pas dû hésiter de répondre à l'appel que vous m'avez fait... »

8 novembre 1831. « ... Conformément à ma lettre du 24 juin dernier, en réponse à la vôtre du 21 mai, j'ai fait une longue suite de recherches sur l'iode mis en contact avec l'argent poli, sans toutefois parvenir au résultat que me faisait espérer le désoxydant. J'ai eu beau varier mes procédés et les combiner d'une foule de manières, je n'en ai pas été plus heureux pour cela. J'ai reconnu en définitif l'impossibilité, selon moi du moins, de ramener à son état naturel l'ordre interverti des teintes et surtout d'obtenir autre chose qu'une image fugace des objets. Au reste, Monsieur, ce non-succès est absolument conforme à ce que mes recherches sur les oxydes métalliques m'avaient fourni bien antérieurement, ce qui m'avait décidé à les abandonner... Aussi, après quelques autres tentatives, en suis-je resté là, regrettant bien vivement, je l'avoue, d'avoir fait fausse route pendant si longtemps, et, qui pis est, si inutilement... »

Voilà qui est catégorique, et nous savons que Niepce noircissait, en effet, son plaqué d'argent par la vapeur d'iode en présence de la lumière (voir Niepce, IV); nous savons également qu'à la suite de ses expériences de 1816 il avait été amené à renoncer, pour les mêmes motifs qu'il indique ici à propos de l'iodure, au chlorure d'argent, qu'il désignait aussi sous le nom d'oxyde (voir la lettre du 20 avril 1817) par suite de la théorie de l'époque qui admettait une oxydation des métaux dans leur combinaison avec les acides, même avec l'acide chlorhydrique.

Daguerre ne faisait donc d'abord que reprendre l'étude commencée par Niepce sur l'iode mis en contact avec l'argent.

« Je n'ai découvert l'application du mercure qu'en 1835. On peut penser que, dans ces quatre années d'intervalle entre les deux découvertes, j'ai dû faire un grand nombre d'expériences, et qu'employant toujours pour ces expériences des planches métalliques, il a dû souvent me venir à l'idée de fixer l'image par la gravure.

« A cette époque, je ne savais pas que l'image existe sur l'iode avant d'être apparente, et j'attendais qu'elle se fût manifestée par la coloration de l'iode. Cette image était fugace, parce qu'elle se colorait indéfiniment, et d'ailleurs les clairs et les ombres étaient transposés. Cependant, dans cet état, les acides agissaient différemment sur les parties de l'iode non colorées par la lumière et sur celles qui étaient colorées, et j'obtenais par leur application une gravure extrêmement faible.

« Une expérience faite sur une plaque sortant de la chambre noire et sur laquelle l'image était devenue apparente par la coloration de l'iode par la lumière m'avait démontré que le gaz acide carbonique, en contact avec la plaque légèrement mouillée, avait produit par sa combinaison avec les parties de l'iode frappées par la lumière, un composé très blanc, et avait ainsi remis les clairs et les ombres dans leur état naturel ; mais la dégradation des teintes était imparfaite. Cette expérience m'a donné plusieurs fois le même résultat.

« J'avais remarqué qu'en mettant dans une capsule du chlorate de potasse, et qu'en le chauffant avec une lampe dans un appareil à peu près semblable à celui qu'on emploie aujourd'hui pour le mercure, l'image produite, comme il est dit ci-dessus, par la coloration de l'iode par la lumière, apparaissait en clair, absolument comme l'engendre aujourd'hui la vapeur mercurielle.

« Après être arrivé à la connaissance de la propriété du mercure, l'image était loin d'être aussi complète qu'elle l'est maintenant. Je voyais avec peine sa fragilité, c'est-à-dire la facilité avec laquelle le frottement en enlevait le mercure, et je voulais parvenir à lui donner plus de fixité. Pour tâcher d'atteindre ce but, je commençai une série d'expériences à l'aide des acides.

« Je dois le dire ici, le but que je me proposais dans ces expériences n'était pas d'arriver à tirer des épreuves, mais bien, en remplissant de noir les parties du métal attaquées par l'acide, de donner de la vigueur aux images...

« Je termine en disant que je regarde comme impossible d'arriver par la gravure sur la plaque même à un résultat semblable à celui que présente une épreuve exécutée dans toutes les conditions du procédé ; mais je ne pense pas de même d'un transport du mercure sur un autre corps, ce que je regarde comme possible. Un perfectionnement, qui pourrait être considéré comme tel, serait le moyen de noircir l'argent dans les vigueurs sans attaquer le mercure ; on détruirait ainsi le miroitage de la plaque. Une autre amélioration non moins importante consistera à empêcher que le mercure qui s'attache aux parties de l'image qui ont été trop longtemps exposées à la lumière ne perde de son éclat; je verrai avec le plus grand plaisir les recherches se diriger de ce côté. Quant à la conservation de l'image, cela ne présente aucune difficulté, puisqu'on peut toujours placer les épreuves sous verre, et les border de papier collé pour les garantir du contact des vapeurs, qui peuvent seules nuire, surtout à l'argent... »

Cette déclaration n'empêcha pas plusieurs opérateurs de chercher à transformer le daguerréotype en planche à graver; la suite que reçut ce procédé est indiquée au chapitre VII: mais il faut reconnaître que les prévisions de Daguerre ne manquaient pas de justesse.

BAYARD

I

NOTICE SUR BAYARD.

Après Niepce et Daguerre, Bayard a sa place marquée parmi les créateurs de la photographie; si son nom est moins populaire, il faut l'attribuer à la grande timidité, à l'extrême réserve, qui le poussaient à reculer la publication de ses procédés jusqu'au moment où il leur reconnaissait un degré suffisant de perfection; et, encore, cette publication était-elle toujours très brève.

Bayard est né en 1801 à Breteuil (Oise).

Employé dans un bureau du Ministère des finances, il n'avait que de bien courts instants à consacrer aux recherches photographiques, qui l'attiraient déjà avant 1839, c'est-à-dire avant même l'*annonce* à l'Académie des résultats trouvés par Daguerre avec sa plaque d'argent ioduré et par Talbot avec son premier papier à noircissement direct. Comme ce dernier, Bayard obtenait d'abord des négatifs dans la chambre noire sur un papier au chlorure d'argent, et il semble que ses recherches dans la voie d'une reproduction directe des images en positif ont été inspirées par le désir d'arriver sur papier à un résultat analogue à celui que Daguerre obtenait sur argent.

« ...Ce fut le 20 mars 1839, dit M. Raoul Rochette dans un rapport à l'Académie des Beaux-Arts (1), qu'il obtint,

____

(1) Séance du 2 novembre 1839.

par le procédé qui lui est propre, la première image *en sens direct*, qui lui révéla toute la propriété de ce procédé. Moins de deux mois s'étaient écoulés, et déjà, le 13 mai, M. Bayard put communiquer à l'un de nos confrères de l'Académie des Sciences, M. Biot, des images qu'il jugeait propres à exciter l'intérêt de ce physicien illustre. Sept jours plus tard, le 20 mai, de nouvelles épreuves, d'un effet encore plus satisfaisant, furent montrées à M. Arago. Dès ce moment, M. Bayard jugea le développement de sa découverte assez avancé pour en soumettre les résultats à l'appréciation publique. Il réunit trente dessins de toute espèce et de diverses grandeurs dans un cadre qu'il plaça à une exposition publique qui se fit, au commencement de juillet, au profit des victimes de la Martinique, dans la salle des commissaires priseurs ; et ce cadre ainsi exposé, sans autre recommandation qu'une simple note indiquant la nature des dessins qu'il renfermait, fixa l'attention du public, au point qu'il en fut rendu compte dans le *Moniteur* et dans plusieurs journaux.

« Ces dates et ces communications diverses nous ont paru dignes d'être recueillies, moins encore à cause de l'antériorité *de plus de trois mois* qui en résulte, par rapport à la révélation du procédé de M. Daguerre, faite à la séance du 19 août de l'Académie des Sciences, que par une circonstance que tout nous fait un devoir de recommander à l'intérêt de l'Académie. Jusqu'alors M. Bayard, modeste employé dans une administration de l'État, n'ayant que peu de temps à donner dans le jour à ses expériences, et encore moins d'argent à mettre à ses instruments, n'avait eu à sa disposition qu'un verre d'une faible portée et d'une petite dimension. C'est avec un instrument si imparfait, qu'opérant dans une chambre obscure, il obtenait des dessins déjà faits pour exciter à un assez haut degré l'intérêt du public... »

En 1840, il se décide à révéler à l'Académie son procédé (24 février) (voir II), par lequel il expose dans la chambre noire un papier au chlorure, préalablement noirci par la lumière, et imprégné d'iodure de potassium.

Mais déjà il était parvenu à appliquer au papier le développement de l'image latente d'après la méthode de Daguerre divulguée le 19 août 1839, et il avait déposé un pli cacheté à ce sujet, le 8 novembre, à l'Académie. Soudain, au commencement de 1841, Talbot annonce qu'il vient de découvrir (septembre 1840) un moyen de centupler la sensibilité du papier et de rendre visible une impression photographique d'abord invisible; alors Bayard n'hésite plus et fait ouvrir son pli cacheté dans la séance du 8 février 1841 (voir III). Il y est démontré qu'il a réussi à développer l'image latente sur papier dès novembre 1839, au moyen des vapeurs de mercure.

En 1851, Bayard réalise (1), pour le tirage des épreuves positives, un papier plus sensible que ceux dont on se servait alors. Il utilise le développement de l'image latente par l'acide gallique, suivant le principe de Talbot. Pour augmenter la rapidité, il remplace le chlorure d'argent par la combinaison suivante : il incorpore au papier de l'iodure et du bromure de potassium, expose aux vapeurs d'acide chlorhydrique, puis sensibilise sur un bain de nitrate d'argent, ce qui donne un mélange de chlorure, d'iodure, et de bromure d'argent. Le papier est employé à sec; il suffit d'une seconde de soleil, ou d'une heure de lampe carcel pour impressionner sous un cliché. Les images sont ensuite développées par l'acide gallique et fixées par l'hyposulfite de soude.

Bayard ne s'est pas borné à ces procédés sur papier; se tenant au courant des méthodes nouvelles qui sont venues successivement étendre le domaine photographique, il n'en a laissé passer aucune sans l'essayer et sans y apporter quelque ingénieux perfectionnement.

Après avoir été l'un des premiers à produire des plaques albuminées de grande dimension, suivant la méthode de Niepce de Saint-Victor, et avoir proposé une pratique sûre pour le procédé Taupenot au collodion albuminé, il a pris part à tous les travaux importants qui se sont déroulés devant la Société française de Photographie, dont la fondation remonte à 1854. On s'en rend compte en parcourant le Bulletin de la Société, où l'on trouve Bayard comme

---

(1) *Comptes rendus*, 14 avril 1851.

membre d'un grand nombre de commissions, et comme auteur de communications importantes.

Nommé chevalier de la Légion d'honneur le 24 janvier 1863, Bayard s'était retiré à Nemours, où il est mort le 14 mai 1887.

Bien qu'il ait été mal servi par les circonstances, ainsi pris entre Daguerre et Talbot, et que sa trop grande réserve ait empêché son nom d'être plus connu, il a été le *premier* à employer un procédé complet de reproduction des images de la chambre noire *sur papier en positif*, résultat que Niepce et Daguerre avaient cherché sans pouvoir y parvenir, et dont on tire parti pour obtenir un positif en partant d'un positif, ou un négatif en partant d'un négatif. Il a aussi été le *premier* à *développer l'image latente sur papier*. Ces priorités suffiraient, à elles seules, pour introduire son nom sur la liste des créateurs et pour lui assurer le titre de gloire que ses contemporains de 1840 n'ont pas su lui décerner.

II

COMMUNICATION DE BAYARD A L'ACADÉMIE AU SUJET DE
SON PAPIER POSITIF (1).

« J'avais différé jusqu'à ce jour de rendre public le procédé de photographie dont je suis l'auteur, voulant rendre
auparavant ce procédé aussi parfait que possible ; mais,
comme je n'ai pu empêcher qu'il n'en transpirât quelque
chose, et qu'on pourrait ainsi, en profitant plus ou moins
de mon travail, m'enlever l'honneur de ma découverte, je ne
crois pas devoir tarder plus longtemps à faire connaître la
méthode qui m'a réussi.

« Le temps me manque pour entrer dans les détails nécessaires, mais, si l'Académie veut bien me le permettre, je
complèterai les renseignements dans une prochaine séance.
Voici sommairement en quoi consiste mon procédé : du
papier à lettre ordinaire ayant été préparé suivant la méthode
de M. Talbot, et noirci par l'influence de la lumière, je le
fais tremper pendant quelques secondes dans une solution
d'iodure de potassium ; puis, appliquant ce papier sur une
ardoise, je le place dans le fond d'une chambre obscure.
Lorsque le dessin est formé, je lave ce papier dans une solution d'hyposulfite de soude, et ensuite dans une eau pure
et chaude, et je fais sécher à l'obscurité. »

Le papier de Talbot, dont il est question ici, était préparé par
double décomposition du chlorure de sodium et du nitrate d'argent
(voir Talbot, II) ; il était donc à base de chlorure d'argent, avec excès
de nitrate, comme le papier photographique ordinaire actuel, et à

---

(1) 24 février 1840.

noircissement direct. Au commencement, Bayard opérait le fixage au moyen du bromure de potassium ; il y a substitué ensuite l'hyposulfite, indiqué par Talbot (4 mars 1839).

Le résultat s'explique par la formation d'iodure d'argent blanc jaunâtre et insensible à la lumière, sous l'influence de la décomposition de l'iodure de potassium en présence de l'eau, de l'air et de la lumière : le potassium s'oxyde, et l'iode mis en liberté s'unit à l'argent que l'action préalable de la lumière a réduit sous forme d'un dépôt brun.

Bayard obtenait ainsi directement à la chambre noire une image positive, avec les clairs et les ombres dans leur ordre naturel ; c'était la première fois que ce résultat était réalisé sur papier. Il obéissait ainsi, sans s'en douter, à la pensée qui avait déjà guidé Niepce et Daguerre : la production immédiate d'une image originale représentant les objets tels que l'œil les perçoit. Cette pensée était celle qui devait venir tout d'abord à l'esprit, avant la solution plus compliquée, trouvée plus tard par Talbot, du tirage d'épreuves positives au moyen du cliché négatif servant d'intermédiaire.

Ce procédé complet, qui donnait sur papier ce que Daguerre obtenait sur plaque d'argent, passa inaperçu, ou à peu près, au milieu de l'engouement extraordinaire soulevé par le daguerréotype ; et pourtant il méritait mieux que cette indifférence, car le papier présentait sur la plaque d'argent l'avantage d'une manipulation plus simple, d'un emploi plus commode, d'un prix moins élevé, de l'absence de miroitements, etc. Et l'on ne pouvait objecter, comme pour le bitume, que la durée de pose avec le papier était beaucoup trop longue, puisqu'on peut voir encore aujourd'hui des *portraits* exécutés par Bayard avec son procédé. Aussi est-il probable qu'il eût fini par attirer l'attention, sans la découverte, par Talbot, du cliché négatif, qui allait faire entrer dans une nouvelle voie la reproduction des images de la chambre noire.

III

NOTE DE BAYARD AU SUJET DU DÉVELOPPEMENT DE L'IMAGE
LATENTE SUR PAPIER (1).

« Dans la dernière séance de l'Académie, M. Biot a lu
une lettre de M. Talbot, dans laquelle ce physicien parle
d'un moyen, qu'il ne fait pas connaître, de rendre visible
une impression photographique qui est invisible lorsque le
papier sort de la chambre obscure. Il y a déjà longtemps
que j'ai trouvé trois procédés qui conduisent à ce résultat.
Permettez-moi, Monsieur, d'en faire connaître un, et,
lorsque le temps m'aura permis de répéter les deux autres,
j'aurai l'honneur de vous les communiquer.

« Un papier ayant été préparé avec le bromure de potassium, puis avec le nitrate d'argent, on l'expose *encore
humide* et pendant quelques minutes au foyer d'une chambre
obscure. Sur ce papier retiré et examiné à la lueur d'une
bougie, on ne voit aucune trace de l'image qui cependant y
est imprimée ; pour la rendre apparente, il suffit d'exposer
le papier à la vapeur de mercure, comme on le fait pour les
plaques dans le procédé de M. Daguerre. Il se colore aussitôt
en noir partout où la lumière a modifié la préparation. Il est
inutile d'observer qu'il faut éviter, autant que possible, de
laisser impressionner le papier préparé par aucune autre
radiation lumineuse que par celle de la chambre obscure.

« La description ci-dessus et une ou deux épreuves obtenues par ce procédé ont été adressées à l'Académie, qui,
dans sa séance du 11 novembre 1839, a bien voulu en ac-
cepter le dépôt. Veuillez, je vous prie, Monsieur, faire ouvrir
ce paquet, si vous le jugez à propos. »

Le paquet cacheté déposé par M. Bayard, étant ouvert, se
trouve contenir une épreuve photographique sur papier,
accompagnée de la note suivante.

---

(1) 8 février 1841.

Une autre épreuve était jointe à la lettre.

« *Procédé photographique sur papier.*

« L'image photographique ci-jointe a été obtenue le 24 octobre 1839 en dix-huit minutes, de onze heures du matin à onze heures dix-huit, par le procédé suivant :

« Tremper le papier dans une faible solution de chlorure de sodium ; lorsqu'il est bien sec, passer sur ce papier du nitrate d'argent dissous dans six fois son poids d'eau.

« Le papier étant *presque* sec et garanti de toute action de la lumière, l'exposer à l'émanation de l'iode, puis dans la chambre obscure, puis au mercure, comme dans le procédé de M. Daguerre, et enfin laver dans une dissolution d'hyposulfite de soude.

« Lorsque le papier est retiré de la chambre noire, on distingue à peine quelques traces de dessin ; mais aussitôt que la vapeur mercurielle vient se condenser sur le papier, on voit les images se former comme sur les planches métalliques, mais avec cette différence que les images sont produites en sens contraire, comme dans le procédé de M. Talbot.

« Paris, le 8 novembre 1839. »

Quoique l'idée de cette méthode dérive du daguerréotype par les moyens employés, la réaction qui fait apparaître l'image n'est pas la même. En effet, sur la plaque de Daguerre, l'iodure d'argent est à l'état sec, et il y a *condensation* de la vapeur de mercure aux endroits que la lumière a impressionnés : tandis que, sur le papier de Bayard, les composés d'argent sont à l'état humide, et se trouvent *réduits* par la vapeur de mercure dans les endroits qui ont reçu l'action de la lumière. Cette réduction détermine un dépôt noir, d'où image négative.

Bayard a ainsi obtenu le premier négatif sur papier dans la chambre noire *par développement de l'image latente.* Toutefois, il est juste de reconnaître que le papier calotype de Talbot, trouvé à la fin de 1840, devait apporter une solution plus commode et plus sûre du problème, en substituant à la vapeur de mercure l'acide gallique en dissolution, c'est-à-dire le premier des révélateurs liquides, lesquels sont encore en usage aujourd'hui.

TALBOT

I

NOTICE SUR TALBOT.

Fox Talbot naquit en février 1800 ; il était fils aîné de
M. William Davenport Talbot, qui avait épousé une fille du
comte d'Ilchester. Après avoir passé ses premières années
à Harrow, il fit de solides études à Cambridge, au Trinity-
College, où il montra de grandes aptitudes à la fois pour les
lettres et pour les sciences : c'était le prélude des travaux si
divers que son esprit universel embrassa dans la suite.

A sa sortie du collège, il se consacra d'abord aux mathématiques et s'y distingua par de nombreux mémoires (1) dont
plusieurs présentent une réelle valeur. Mais il ne devait pas
se spécialiser dans ces études théoriques ; on trouve de lui,
en 1826, une note (2) décrivant « Quelques expériences sur les
flammes colorées », et, en 1827, une autre (3) « Sur la lumière
monochromatique » ; puis d'autres mémoires (4), en 1833,
« Sur une méthode pour obtenir une lumière homogène de

---

(1) Il débuta en 1822 par un mémoire : « Sur les propriétés d'une certaine courbe tirée de l'hyperbole équilatère. » (*Annales mathématiques de
Gergonne*), qui fut suivi de six autres de 1822 à 1823, en particulier sur
les fonctions elliptiques, et encore de huit autres adressés à la Société
Royale, etc. (*Photographic News*, octobre 1877.)

(2) *Edinburgh Journal of Science.*

(3) *Quaterly Journal of Science.*

(4) *Philosophical Magazine.*

grande intensité » ; en 1834, « Expériences sur la lumière » ;
en 1835, « Sur la nature de la lumière ».

Les fonctions de représentant du bourg de Chippenham
au Parlement, de 1832 à 1834, ne l'empêchèrent pas de se
livrer à l'étude et à des excursions lointaines. Il se trouvait
ainsi, en octobre 1833, sur les bords du lac de Côme ; dessi-
nant, au moyen de la chambre noire qu'il emportait dans ses
voyages, l'admirable paysage que l'appareil peignait sur le
papier, il fut amené à réfléchir sur les moyens de conserver
ces brillantes images en utilisant l'action même de la lumière.
L'idée n'était pas nouvelle, et Talbot devait certainement
connaître les essais de Wedgwood et Davy, ses compatriotes,
ainsi que les résultats communiqués par Niepce en 1827 à la
Société Royale ; mais le procédé de ce dernier était encore
un secret, et le papier Wedgwood-Davy n'était pas assez sensible pour permettre au voyageur d'obtenir dans un temps
modéré une impression suffisante. Il fallait perfectionner ce
papier et c'est à quoi Talbot pensa en dirigeant ses recherches
vers les effets chimiques de la lumière. Il publia successivement, à partir de 1833, des « Remarques sur les changements
chimiques de coloration », puis des études sur le nitre,
l'iodure d'argent, l'iodure de mercure, etc.

Pendant que Talbot cherchait et réussissait à confectionner
un papier plus sensible à la lumière, Daguerre donnait la
dernière main à son procédé ; et, lorsque Arago eut annoncé
à l'Académie et au monde, le 7 janvier 1839, la découverte
du daguerréotype, sans toutefois en révéler la nature, Talbot
s'empressa de présenter à la Société Royale, le 30 du même
mois, une communication (1), aussi mystérieuse d'ailleurs,
sur les images négatives qu'il obtenait au moyen de son
papier. En même temps, il adressait en France une réclamation de priorité sur deux points de l'invention de Daguerre :
1° *fixation des images de la chambre obscure ;* 2° *conservation
subséquente de ces images, de sorte qu'elles peuvent soutenir
le plein soleil.* Présentée à l'Académie dans la séance du 4

----

(1) Cette communication avait pour titre : « Exposé de l'art du tirage
photogénique, ou procédé par lequel les objets de la nature peuvent se dessiner eux-mêmes sans le secours du crayon de l'artiste. »

février, cette réclamation donna lieu à une réponse de Biot, destinée à expliquer à Talbot que l'invention de Daguerre datait déjà de plusieurs années. Telle est l'origine de la correspondance qui nous renseigne sur les travaux de Talbot et qui mérite d'être plus connue (voir II, III, V, VI).

Ce premier papier de Talbot (voir II), dont la découverte remonte d'après sa propre déclaration à 1834, était préparé par double décomposition du chlorure de sodium et du nitrate d'argent, comme le papier actuel ordinaire ; il devait donc sa sensibilité à un mélange de chlorure d'argent et de nitrate ; l'image s'y formait par noircissement direct, et le fixage s'opérait d'abord par le chlorure de sodium, plus tard par l'hyposulfite de soude sur le conseil d'Herschel (mars 1839). Puis la sensibilité fut augmentée par l'emploi de l'iodure d'argent, ensuite du bromure.

En janvier 1841, Talbot annonce à l'Académie qu'il vient de parvenir (septembre 1840) à réduire considérablement la durée de pose par le développement de l'image latente (voir III), principe qui le conduit à son papier calotype (février 1841) (voir IV) et au cliché négatif, base de la photographie actuelle à la chambre noire.

Ces beaux travaux lui valurent en 1842 la grande médaille de la Société Royale.

Il avait pris en Angleterre un premier brevet pour le papier calotype le 8 février 1841, puis un deuxième (1) pour quelques perfectionnements, parmi lesquels l'emploi de l'hyposulfite de soude.

Un troisième brevet (2), conjointement avec Malone, se rapporte à un procédé sur albumine avec substitution de la porcelaine non vernie au verre comme support. On y trouve aussi un support flexible en papier préparé de façon à être transparent et à ne pas absorber l'albumine liquide étendue à sa surface ; cette sorte de plaque souple était destinée à former une surface courbe pour vues panoramiques dans la chambre noire par rotation progressive de l'objectif autour de son centre optique. Enfin il y a là, en outre, une spécifi-

---

(1) *Photographic News*, octobre 1877.
(2) *Id.*

cation relative à la reproduction des images sur plaques d'acier, sans doute dans la prévision d'une application ultérieure à la gravure.

Talbot a aussi employé l'albumine sur verre pour lui donner, au moyen d'une préparation à l'iodure de fer, une très grande sensibilité qui lui a permis d'obtenir en 1851 un instantané à la lueur d'une décharge électrique (voir V). Ce procédé fit encore l'objet d'un brevet.

Talbot tenait beaucoup à ses droits d'inventeur et n'hésitait pas à poursuivre en contrefaçon ceux qui appliquaient ses procédés sans lui avoir demandé une licence. Comme cette rigueur n'était pas précisément favorable aux progrès de la photographie en Angleterre, lord Rosse, président de la Société Royale, et sir Charles Eastlake, président de l'Académie Royale, s'en émurent (1) et lui écrivirent en 1852 pour lui demander d'examiner s'il ne pourrait pas se relâcher de cette rigueur dans l'intérêt de l'art et de la science. Il répondit qu'il consentait à abandonner ses droits de brevet et à les offrir « comme un libre présent au public », à l'exception d'un seul point, « l'application de l'invention à faire des photographies pour les vendre au public ». L'exploitation commerciale était donc nettement séparée des applications artistiques et scientifiques, auxquelles tout le monde pouvait ainsi travailler, même en Angleterre, sans crainte d'un procès en contrefaçon.

Après avoir épuisé les ressources de l'époque pour le perfectionnement du cliché négatif qu'il avait inventé, Talbot poursuivait sa marche vers de nouveaux progrès. Parmi ceux-ci, un des plus importants consistait à transporter les images sur métal pour en tirer, à l'aide de la gravure, des épreuves inaltérables. Dès 1844, il avait publié un ouvrage intitulé « Pencil of Natur (2) », qu'il avait orné d'épreuves photographiques exécutées par le procédé calotype ; c'est sans doute le premier livre illustré par des photographies ; mais Talbot voulait arriver à la photogravure. Il y parvint au moyen de la gélatine bichromatée (voir VI), en 1852-58.

---

(1) *Photographic News*, octobre 1877.
(2) Le pinceau de la nature.

Les inventions photographiques de Talbot s'arrêtent là ; la série était d'ailleurs complète. Mais il ne faudrait pas croire que tout est dit sur les produits de l'activité de cette vaste intelligence. Des recherches aussi étendues ne l'empêchaient pas de continuer son évolution au travers des autres branches, non pas seulement de la science, mais des connaissances humaines. Ainsi, il avait publié des travaux sur la chaleur en 1836, sur l'astronomie en 1842, 1847, 1851, et s'occupait encore en 1871 de cette dernière science ; et il resterait à citer aussi ses contributions à la littérature, à l'archéologie, à l'histoire naturelle, etc.

Il mourut le 17 septembre 1877.

L'œuvre photographique de Talbot est caractérisée par un esprit de combinaison extrêmement développé et par une méthode scientifique qu'il devait en partie à sa formation antérieure. Au courant des idées et des ressources élaborées dans les travaux de ses contemporains, il a su en tirer parti et les associer à ses propres découvertes pour réaliser une progression ininterrompue depuis son *premier papier* jusqu'à la *photogravure,* en passant par le *cliché négatif.* Grâce à ce dernier, les opérations photographiques sont entièrement transformées ; elles se décomposent désormais en deux parties : 1° production du cliché négatif par exposition très courte à la chambre noire et par développement de l'image latente au moyen de révélateurs liquides ; 2° utilisation de ce cliché pour en tirer, par transparence, des épreuves positives sur un support quelconque.

II

LETTRES DE TALBOT AU SUJET DE SON PREMIER PAPIER (1).

« Dans une lettre que j'avais écrite à M. Talbot le 13 de
ce mois, dit M. Biot à l'Académie le 25 février 1839, je lui
avais témoigné le regret de ce que l'extrait de son mémoire
inséré dans le n° 589 de l'Athenœum ne contînt aucune indication spéciale sur le procédé qu'il employait pour la préparation de son *sensitive paper,* et je lui exprimais combien
il serait désirable qu'il voulût le rendre public dans l'intérêt
des expérimentateurs. Dimanche 17, M. Daguerre m'ayant
communiqué le moyen qu'il avait trouvé depuis plusieurs
années pour produire un effet analogue, et m'ayant autorisé
à en faire part à l'Académie, je me fis un devoir d'informer
M. Talbot de cette circonstance par une lettre écrite le lendemain 18, mais sans l'instruire d'ailleurs de la préparation
que M. Daguerre employait. Je reçus alors de M. Talbot les
deux lettres suivantes, qui me parvinrent ensemble le
samedi 23. Présumant qu'elles pouvaient contenir des communications sur sa découverte, et voulant conserver tous ses
droits intacts, je portai ces deux lettres non décachetées,
le soir même, à la Société Philomatique, où elles furent
ouvertes et paraphées par le président M. Milne-Edwards.
Comme M. Talbot avait bien voulu les mettre à ma libre
disposition, je m'empresse de les communiquer textuelle-
ment à l'Académie, persuadé qu'elle ne peut que les accueillir
avec le plus grand intérêt. Les voici, telles qu'elles ont été
écrites en français par M. Talbot lui-même.

---

(1) Communiquées à l'Académie par Biot, le 25 février 1839.

« Londres, 20 et 21 février 1839.

« Monsieur,

« Je m'empresse de répondre à vos deux lettres du 13 et 18 de ce mois, dans la dernière desquelles vous me faites l'honneur de m'informer que M. Daguerre a découvert de son côté un procédé pour faire du papier sensitif.

« Comme il n'y a pas un seul mot, dans votre lettre, sur la *fixation* ou conservation subséquente des images ainsi obtenues sur le papier, je dois conclure de là que M. Daguerre ne fait pas usage d'un tel procédé, ou que du moins il n'a pas jugé à propos de le communiquer.

« Je ne sais si M. Daguerre aura mis sous les yeux de l'Académie, dans sa séance de lundi dernier, une série aussi nombreuse et variée de dessins photogéniques exécutés sur papier, que celle que j'ai montrée de mon côté à la Société Royale et à l'Institution Royale, et aussi longtemps et fraîchement conservés ; mais, quoi qu'il en soit, et quelle que soit d'ailleurs la perfection des procédés, une fois qu'il est reconnu que mes recherches ont été parfaitement indépendantes, je ne me mettrai pas trop en peine qu'on soit arrivé ailleurs à de semblables résultats.

« Pour vous montrer, Monsieur, combien je suis sensible aux sentiments que vous avez bien voulu me témoigner, dictés par l'amour sincère et véritable de la science, je répondrai aux questions que vous m'avez faites, et je vous décrirai nettement ma manière de faire les tableaux photogéniques en vous épargnant les détails minutieux que la pratique fait découvrir et qui ajoutent quelque chose à la perfection du travail, ainsi qu'à la certitude du succès, sans rien changer au principe essentiel.

« Pour faire ce qu'on peut appeler du papier photogénique ordinaire, je choisis d'abord un papier ferme et de bonne qualité ; je le plonge dans une solution *faible* de sel ordinaire, et je l'essuie avec un linge, pour que le sel soit distribué dans le papier aussi uniformément que possible ; ensuite j'étends sur un côté du papier une solution de nitrate d'argent mêlée de beaucoup d'eau ; je le sèche au feu et l'on peut s'en servir de suite. En répétant cette expérience de diverses manières, on trouvera qu'il y a une certaine proportion entre la quantité du sel et celle de la solution d'argent, que l'on doit employer de préférence. Si l'on augmente la quantité du sel au delà de ce point, l'effet diminue, et en certains cas peut même devenir presque nul. Ce papier, si on l'a bien fait, peut servir à grand nombre d'usages photographiques ordinaires. Rien de plus parfait, par exemple, que les images des feuilles et des fleurs que l'on peut en obtenir avec le soleil de juillet ; la lumière, en pénétrant à travers les feuilles, en dessine chaque nervure.

« Maintenant, que l'on prenne une feuille de papier ainsi préparé et que l'on étende dessus une solution saturée de sel marin, et qu'on le laisse sécher au feu ; on trouvera alors ordinairement la sensibilité du papier très diminuée, quelquefois même réduite à fort peu de chose ; surtout si on l'a gardé quelques semaines avant d'en faire l'expérience. Mais si l'on y met encore une fois de la solution d'argent, le papier redevient sensible à la lumière et même plus qu'il n'était la première fois. C'est ainsi, en mettant alternativement sur le papier des couches de sel et d'argent, que je parviens à le rendre assez sensible pour pouvoir fixer avec une certaine rapidité des images données par la *camera obscura*.

« Mais il y a une observation qu'il ne faut pas négliger. Comme on arriverait de cette manière à des résultats tantôt plus, tantôt moins satisfaisants, par suite des petites variations accidentelles, on trouve, si l'on répète souvent l'expérience, que parfois le chlorure d'argent ainsi obtenu est disposé à se noircir peu à peu sans être exposé à la lumière. C'est aller trop loin ; mais aussi c'est le but dont il faut s'approcher autant que possible sans l'atteindre tout à fait. Ainsi, après avoir préparé un certain nombre de feuilles de papier, avec des proportions chimiques un peu différentes pour chacune, j'en expose des échantillons marqués et numérotés, en même lieu, à une lumière diffuse très faible, pendant un quart d'heure ou une demi-heure. S'il y a entre ces échantillons un quelconque qui montre avoir un avantage marqué sur les autres, comme cela arrive, je choisis le papier avec le numéro correspondant et je ne manque pas de m'en servir aussitôt que possible après l'avoir préparé.

« Il me reste à vous décrire, Monsieur, les moyens dont

je me sers pour fixer les images ainsi obtenues. Après plusieurs tentatives infructueuses, le premier moyen qui m'a réussi c'est de laver le dessin avec de l'iodure de potasse mêlé de beaucoup d'eau. Il se forme alors un iodure d'argent qui est tout à fait inattaquable par le soleil. Ce procédé, toutefois, exige des précautions, car si l'on fait usage d'une solution trop forte, cela pourrait enlever les parties noires du tableau qu'il faut laisser intactes. Mais on réussira bien en prenant une solution d'une médiocre faiblesse. En faisant usage de ce procédé, j'ai des dessins parfaitement conservés depuis près de cinq ans, quoique pendant cet intervalle souvent exposés en plein soleil.

« Mais un moyen plus simple, et duquel je me suis très souvent servi, consiste à plonger les dessins dans une forte solution de *sel marin ordinaire*, les essuyer légèrement et les sécher. Plus le soleil a été brillant dont on s'est servi pour faire le tableau, plus ce moyen de conservation est efficace ; car alors les parties noires du tableau ne souffrent aucune altération par suite de l'action du sel. Maintenant, si l'on expose le tableau au soleil, les parties blanches prennent assez souvent une teinte lilas clair, puis deviennent insensibles. En poursuivant et répétant ces expériences, j'ai trouvé que cette coloration en lilas n'est pas uniforme, et qu'il existe des proportions avec lesquelles elle ne se produit pas ; on obtient alors, si l'on veut, des lumières absolument blanches.

« Mon excellent ami sir J. Herschel m'a communiqué ces jours derniers une méthode très belle, de son invention, pour la conservation des tableaux photogéniques. Cependant je ne dois point la décrire sans lui en avoir demandé la permission. Je dirai seulement que j'ai répété son expérience avec un plein succès.

« Recevez, etc.

« Fox Talbot,
« Membre de la Société Royale. »

Ces lettres font honneur à leur auteur par les sentiments élevés qu'elles expriment et présentent un grand intérêt par la description du premier papier aux sels d'argent, constituant un procédé complet, pour la reproduction des images de la chambre noire. Ce premier papier de Talbot, au chlorure d'argent avec excès de nitrate, présente une composition analogue à celui qui a servi à Niepce en 1816, et n'est autre que le papier photographique ordinaire encore en usage aujourd'hui pour le tirage des épreuves positives.

Il convient de noter que Talbot déclare conserver depuis cinq ans des épreuves restées inaltérées ; la découverte de ce papier remonterait ainsi à l'année 1834.

Le traitement par l'iodure de potassium après l'exposition à la lumière n'est qu'un procédé d'insensibilisation, qui est moins efficace pour la conservation ultérieure que l'emploi du chlorure de sodium, car celui-ci dissout, à la longue, le chlorure d'argent. Mais un progrès important à ce point de vue du fixage est annoncé par la dernière phrase et est décrit dans la lettre suivante, également adressée à Biot et lue dans la séance du 4 mars.

« Londres, 1ᵉʳ mars 1839.

« Monsieur,

« Dans ma dernière lettre, j'eus l'honneur de vous communiquer deux méthodes de mon invention pour conserver les dessins photogéniques. Maintenant, pour compléter autant que possible ce renseignement, je vais indiquer une troisième et quatrième méthode, dont la découverte est due à mon ami sir John Herschel, qui m'a écrit qu'il permet volontiers la publication.

« La troisième méthode pour fixer un dessin photogénique consiste à le laver avec le ferrocyanate de potasse. Toutefois, le procédé exige des précautions, et sans cela on ne peut pas compter sur les résultats.

« La quatrième méthode, et qui vaut à elle seule toutes les autres ensemble, c'est de laver le dessin avec l'hyposulfite de soude. Ce procédé a dû se présenter tout naturellement à l'esprit de M. Herschel, puisqu'il a lui-même découvert l'acide hyposulfureux et en a constaté les principales propriétés, entre lesquelles il a cité, comme étant très digne de remarque, que l'hyposulfite de soude dissout facilement le chlorure d'argent (substance ordinairement si peu soluble). Cette propriété était restée sans usage jusqu'ici, mais elle sera désormais très utile. Voici une indication des endroits où M. Herschel a décrit les propriétés de l'acide hyposulfureux : Brewster's *Edimburg philosophical Journal*, vol. I, pages 8 et 396 ; vol. II, page 154 (années 1819, 1820).

« Cette méthode de conserver les dessins diffère essentiellement des trois autres, en ce que le sel d'argent n'est pas *fixé* ou *rendu insensible* dans les parties blanches du dessin, mais il est tout à fait *enlevé*.

« Je terminerai cette lettre en disant un mot sur le papier que j'ai appelé *photogénique ordinaire*. Il peut être rendu plus sensible en le mouillant, avant de s'en servir, avec une solution d'iodure de potasse. Il faut pour cela que cette solution soit très faible ; car, pour peu qu'elle serait forte, tout le contraire aurait lieu, et le papier deviendrait tout à fait insensible. »

Talbot ne s'est pas trompé en annonçant que l'hyposulfite de soude devait être désormais très utile : depuis ce moment, c'est la substance généralement usitée pour fixer les plaques et les papiers aux sels d'argent. On trouve là l'exemple frappant d'une propriété restée d'abord sans emploi, et dont l'utilisation sort tout d'un coup de l'obscurité pour résoudre en un instant un problème longtemps cherché.

Ce papier constituait un sérieux progrès, surtout comme procédé complet, mais la sensibilité laissait encore à désirer. Il y avait à examiner si les autres composés d'argent analogues au chlorure, comme l'iodure et le bromure, ne seraient pas plus avantageux dans ce sens. Talbot fait des essais, constate un accroissement de rapidité d'abord par l'introduction d'une faible proportion d'iodure, d'après la fin de la lettre précédente, puis par la substitution complète du bromure au chlorure, ainsi qu'il résulte de la note suivante adressée à Biot en date du 15 mars et lue à l'Académie dans la séance du 18.

« Prenez du bon papier à écrire, étendez dessus une solution de nitrate d'argent, puis une solution de bromure de potassium, ensuite encore du nitrate d'argent, en séchant au feu entre chaque opération.

« Ce papier est d'une couleur jaunâtre pâle ; il est très sensible à la lumière des nuages, mais insensible à la chaleur artificielle ; et l'on peut, sans l'endommager, le mettre tout près du feu. La lumière le rend d'abord vert bleuâtre, puis d'un vert olive, ensuite presque noir.

« Si l'on peut fixer les dessins obtenus, de la même manière qu'avec le chlorure d'argent, c'est ce que je n'ai pas encore déterminé ; mais je le crois, puisqu'il y a la plus grande analogie entre le chlorure, l'iodure et le bromure d'argent. Chacun des trois devient insensible à la lumière, de très sensible qu'il était, si l'on diminue au delà d'un certain point la proportion du métal ; et, avec chacun des trois, ce changement d'état est brusque. J'ai fait là-dessus avec le chlorure d'argent un grand nombre d'observations.

« Quant au degré de sensibilité de ce papier, je ne puis le donner que d'une manière vague, faute d'une unité fixe de comparaison. Voici quelques expériences que j'en ai faites pendant le mauvais temps que nous avons eu ces jours derniers.

« A 4 heures de l'après-midi, temps couvert et sombre à Londres, pour dessiner l'image d'une fenêtre avec la *camera obscura*, il a fallu 7 minutes. Même soir à 5 heures, avec un échantillon de papier de meilleure qualité, il a fallu 6 minutes. On aurait obtenu en temps égal les *contours* d'un objet quelconque qui se dessinait contre le ciel.

« Quelques minutes après le coucher du soleil, temps sombre, très nuageux : exposé à la lumière tout près d'une fenêtre, il a fallu 20 à 30 secondes pour avoir une coloration bien sensible. »

Il est essentiel de remarquer que ce papier au bromure était à *noircissement direct*, de même que le précédent. Le véritable perfectionnement, celui qui devait réduire dans une notable proportion la durée de pose et rendre réellement pratique la photographie à la chambre noire, n'était pas encore trouvé ; il le fut seulement l'année suivante, en septembre 1840 (voir III).

III

LETTRES DE TALBOT AU SUJET DU DÉVELOPPEMENT DE
L'IMAGE LATENTE.

Dans la séance du 18 janvier 1841, Biot lut à l'Académie la lettre suivante de Talbot :

« Je vous prie de me faire l'honneur d'annoncer à l'Académie qu'au mois de septembre dernier je découvris un moyen d'augmenter extrêmement la sensibilité des papiers impressionnables par la lumière. Cette augmentation n'est pas moindre de *cent fois;* de sorte qu'il m'est possible maintenant de fixer les images de la chambre obscure avec une rapidité inespérée. Le moindre temps qui m'a paru suffisant à cet effet a été jusqu'ici de *huit secondes*, c'est-à-dire au mois d'octobre ; mais tout m'autorise à croire qu'au milieu de l'été il sera possible de le diminuer encore.

« La préparation des papiers s'effectue à la lumière d'une bougie, car la lumière du jour les détruit instantanément, lors même que le ciel est tout couvert de nuages.

« D'après cela, on pourrait peut-être s'attendre que la fixation définitive du tableau fût difficile ou incertaine ; mais il en est tout le contraire, et cette opération réussit facilement.

« Je tarderai encore quelques mois à donner de la publicité aux moyens qui m'ont réussi à amener la *photographie sur papier* jusqu'au point où elle se trouve actuellement, la multiplicité des expériences ne me permettant pas de rassembler plus tôt leurs résultats définitifs. »

Le principe de ce nouveau procédé est indiqué quelques jours après. Le 1er février, Biot communique à l'Académie une réponse de Talbot au sujet d'expériences conseillées sur les rayons continuateurs découverts par Ed. Becquerel. Talbot n'a pas constaté le phénomène sous cette forme, mais sa lettre du 17 janvier 1841 contient la révélation d'un autre fait, qui n'est rien moins que le développement de l'image latente.

« Je me hâte, dès à présent, de vous dire que l'expérience que vous me proposez de faire avec mon papier d'une très grande sensibilité (ou du moins une expérience analogue) m'est très connue et réussit parfaitement, à peu près comme vous l'aviez prévu. On met une feuille de papier dans la chambre obscure ; après quelques instants, on la retire. On l'examine, et l'on n'y voit aucune impression, pas même un léger commencement du tableau. Cependant le tableau y existe déjà dans toute sa perfection, mais dans un état d'invisibilité complète. Par des procédés faciles, que je ferai connaître, on fait paraître le tableau comme par magie. C'est bien la chose la plus merveilleuse qu'on puisse voir ; et, la première fois que je l'ai vue, j'en ai été saisi d'une espèce d'étonnement. Mais voici une autre chose remarquable. On peut garder le tableau dans un état d'invisibilité pendant *un mois* (peut-être plus longtemps encore), et cependant, au bout de ce temps on le fait paraître avec la même facilité et à peu près la même perfection que si l'on avait opéré au premier instant. N'y a-t-il pas de quoi étonner, même de nos jours que les merveilles scientifiques se sont tellement multipliées ? Ce fait est non seulement très curieux ; il me paraît devoir être aussi d'une grande utilité pratique. Car il permet à l'artiste de prendre des vues photographiques un jour et de les compléter et fixer un autre jour, lorsqu'il en aura le temps nécessaire ; de sorte qu'il n'aura à s'occuper que d'une chose à la fois.

« Voici une autre application de ce fait, qui peut présenter quelque utilité pratique. Je la propose comme *nouvelle méthode d'écriture secrète*, qui offre un grand caractère de sûreté. Si une lettre écrite ainsi *invisiblement* tombe dans les mains de quelque étranger, en l'ouvrant il n'y trouvera qu'une feuille de papier blanc. Mais déjà, en l'ouvrant ainsi au grand jour, il l'a détruite, et l'écriture est ainsi devenue indéchiffrable à toujours. C'est aux diplomates que je recommande cette expérience, et à ceux qui aiment le mystère. »

En février 1841, Talbot est maître de ce nouveau papier, à image latente, auquel il donne le nom de *calotype* par enthousiasme pour les belles épreuves qu'il en obtient; nous ne pouvons mieux faire que de donner ici le texte complet du brevet anglais, où l'on trouvera tous les détails de ce procédé, point de départ du développement par les révélateurs liquides et du cliché négatif.

IV

BREVET DE TALBOT AU SUJET DE LA PHOTOGRAPHIE SUR PAPIER CALOTYPE (1).

« La première partie de mon invention est une méthode pour rendre le papier extrêmement sensible aux rayons lumineux. Dans ce but, je choisis le meilleur papier à écrire pour avoir une surface lisse et en même temps une texture serrée.

« *Première préparation du papier.* — Je dissous 100 grains (2) d'iodure de potassium cristallisé dans 6 onces (3) d'eau distillée ; puis, au moyen d'un pinceau doux en poil de chameau, je lave avec cette substance un des côtés de la feuille, et je fais une marque de ce côté pour pouvoir le reconnaître. Je sèche le papier sur un feu un peu éloigné, ou mieux encore je le laisse sécher spontanément. Toute cette partie du procédé s'effectue mieux le soir, à la clarté d'une bougie. Nous appellerons *papier ioduré* le papier ainsi préparé. Ce papier ioduré est légèrement sensible à la lumière, mais néanmoins on peut le conserver dans un portefeuille ou dans tout autre endroit obscur jusqu'à ce qu'on en ait besoin. Il ne s'altère pas, quelque soit le temps pendant lequel on le conserve, pourvu qu'il ne soit pas exposé à la lumière.

« *Deuxième préparation du papier.* — Il vaut mieux

---

(1) Ce brevet a été demandé le 8 février 1841 à Westminster. Le texte, traduit de *Photographic Journal* (Liverpool), est extrait du *Bulletin de la Société française de Photographie*, juillet 1857.

(2) Environ 6 grammes.

(3) Environ 187 centimètres cubes.

retarder cette préparation jusqu'au moment où l'on a besoin du papier. Lorsque celui-ci est arrivé, je prends une feuille du papier ioduré et je la lave avec une solution préparée de la manière suivante : dissolvez 100 grains (1) de nitrate d'argent cristallisé dans 2 onces (2) d'eau distillée. A cette solution ajoutez un sixième de son volume d'acide acétique concentré ; appelez cette solution A. Dissolvez de l'acide gallique cristallisé dans l'eau distillée, autant que celle-ci en pourra dissoudre, ce qui ne fera jamais qu'une petite quantité ; appelez cette solution B. Quand vous voulez préparer une feuille de papier, mêlez ensemble les liquides A et B par volumes égaux. J'appellerai ce mélange du nom de *gallo-nitrate* d'argent. Ne faites jamais le mélange longtemps d'avance, car il ne se conserve pas bon pendant longtemps. Prenez alors une feuille du papier ioduré et barbouillez-la de cette solution avec un pinceau de poil de chameau, en ayant soin de passer celui-ci sur le côté qui a été marqué d'avance. Cette opération doit être faite à la lumière d'une bougie. Laissez le papier dans cet état pendant une demi-minute, puis plongez-le dans l'eau, épongez-le avec du papier buvard et finissez de le sécher devant le feu, en le tenant éloigné de celui-ci à une bonne distance. Quand il est sec, le papier est prêt à être employé ; mais il faut l'employer quelques heures après sa préparation (3).

« *Emploi du papier.* — Le papier ainsi préparé, et que je nomme *papier calotype*, est placé dans une chambre obscure, de manière à recevoir l'image formée au foyer de la lentille. Bien entendu, le papier doit être défendu de la lumière par un écran pendant le temps qu'il est dans la chambre obscure. Quand la chambre est bien pointée sur l'objet, on enlève cet écran, ou bien on ouvre une paire de

---

(1) Environ 6 grammes.

(2) Environ 62 centimètres cubes.

(3) « Si l'on emploie le papier immédiatement, on peut se dispenser du dernier séchage et l'employer humide.

« Au lieu d'employer pour le liquide B une solution d'acide gallique, on peut se servir, mais avec moins de succès, de la teinture de noix de galle étendue d'eau. »

portes intérieures, de manière à disposer le papier à recevoir l'image. Si l'objet est bien éclairé, ou si le temps d'exposition est suffisamment long, on aperçoit une image sensible sur le papier lorsqu'on le sort de la chambre. Mais, si le temps a été court, ou si l'objet est obscur, aucune image ne s'aperçoit sur le papier, que l'on retire complètement blanc. Néanmoins, il renferme une image invisible, et j'ai découvert le moyen de rendre celle-ci visible.

« J'y parviens de la manière suivante : je prends du gallo-nitrate décrit ci-dessus, et avec le liquide je lave complètement le papier ; je le tiens alors au-dessus d'un feu doux, et au bout de peu de temps (depuis trois secondes jusqu'à une et deux minutes) l'image commence à apparaître sur le papier. Les parties sur lesquelles la lumière a agi le plus énergiquement deviennent brunes ou noires, tandis que celles où elle n'a pas agi restent blanches. L'image continue à augmenter, et devient de plus en plus visible pendant quelque temps. Quand elle paraît suffisamment forte, l'opération peut être terminée et l'épreuve fixée. »

Dans cette opération du développement, l'acide gallique s'oxyde et détermine la réduction de l'iodure et du nitrate d'argent dans les parties impressionnées par la lumière, d'où teinte brune ou noire provenant de l'argent réduit. L'action de l'acide gallique sur l'iodure d'argent soumis à la lumière avait été indiquée quelque temps auparavant par le Rev. Read ; Talbot a appliqué cette propriété à la pratique photographique.

De plus, le nitrate d'argent contenu dans le bain révélateur renforce l'image, phénomène utilisé plus tard dans le procédé au collodion pour donner de la vigueur aux images trop faibles.

« ***Procédé de fixage.*** — Pour fixer l'épreuve ainsi obtenue, je la lave d'abord dans l'eau, je la sèche partiellement avec du papier buvard et je la lave avec une solution de bromure de potassium contenant 100 grains (1) de ce sel dissous pour 8 à 10 onces (2) d'eau ; l'épreuve est ensuite lavée dans l'eau et finalement séchée. Au lieu de bromure

----

(1) Environ 6 grammes.
(2) Environ 280 centimètres cubes.

de potassium, on peut employer une solution concentrée de sel commun, mais cela est moins avantageux.

« L'épreuve ainsi obtenue aura des ombres et des clairs inverses de ceux que présentent les objets, c'est-à-dire que les ombres de ceux-ci seront remplacées par des lumières, et vice versâ. Mais il est facile avec celle-ci d'en obtenir une autre qui soit conforme à la nature, c'est-à-dire dans laquelle les lumières soient traduites par des lumières, et les ombres par des ombres. Il suffit, pour cela, de prendre une deuxième feuille de papier calotype, de la mettre en contact absolu avec celle sur laquelle l'épreuve a été formée, de placer un carton au-dessous et une glace au-dessus, et de presser le tout au moyen de vis. Si ensuite on expose au soleil ou à la lumière du jour, on obtient au bout de peu de temps une image ou une copie de la première épreuve ; elle est d'abord invisible, mais on peut la faire apparaître de la manière que l'on a précédemment établie. Cependant je ne conseille pas de prendre cette copie sur papier calotype ; mieux vaut l'obtenir sur du papier photographique ordinaire. On obtient ce papier en lavant du bon papier à écrire, d'abord avec une solution concentrée de sel, puis avec une solution de nitrate d'argent. Ceci étant bien connu depuis que je l'ai moi-même communiqué au public en 1839, et ne faisant pas partie de la présente invention, je ne le décrirai pas d'une façon particulière. Quoiqu'il soit plus long d'obtenir une copie sur ce papier que sur le papier calotype, il est cependant préférable, car les tons y sont plus harmonieux et plus agréables. Sur quelque papier que l'épreuve ait été prise, on la fixera comme il a été décrit plus haut. »

Telle est l'origine du *cliché négatif* et de son utilisation pour en tirer à la lumière, par contact, un nombre illimité d'épreuves positives. Ainsi était résolu le problème de la restitution des ombres et des clairs dans leur ordre naturel, suivant un principe qui était venu aussi à l'esprit de Niepce en 1816, mais que des conditions défavorables avaient alors empêché de fructifier. Cette découverte de Talbot présente une importance capitale : elle fait sortir la photographie de la période du *type positif unique,* pendant laquelle on était condamné à ne tirer de chaque vue que la seule image positive obtenue directement dans la chambre noire.

« Quand une épreuve calotype a fourni un certain nombre de bonnes copies, elle s'affaiblit quelquefois, et les autres copies deviennent inférieures. On peut y remédier au moyen d'un procédé qui rend de la vigueur aux épreuves calotypes. Pour cela, il suffit de les laver à la lumière d'une bougie avec du gallo-nitrate, et de les chauffer ; cette opération force les ombres à noircir sans altérer en rien les blancs. L'épreuve doit ensuite être fixée une deuxième fois. Elle peut alors fournir une seconde série de copies, et l'on en peut fréquemment obtenir un grand nombre (1). »

Ceci est une conséquence de ce qui a été dit plus haut au sujet de l'emploi du nitrate d'argent comme renforçateur.

« La deuxième partie de mon invention consiste en une méthode pour obtenir des épreuves photographiques positives, c'est-à-dire dans lesquelles les lumières des objets sont représentées par des lumières, et les ombres par des ombres. J'ai déjà décrit comme on y parvenait par un double procédé, je vais exposer maintenant comment on peut y arriver d'un seul coup. Je prends une feuille de papier calotype sensibilisé, et je l'expose à la lumière solaire jusqu'à ce que j'aperçoive la surface se colorer ou brunir un peu ; ce qui a généralement lieu en quelques secondes. Je mets alors ce papier dans une solution d'iodure de potassium à la même densité que précédemment, c'est-à-dire 500 grains (2) pour une pinte (3) d'eau. Cette immersion enlève sans doute l'impression visible causée par la lumière (cependant elle ne l'enlève pas réellement, car si alors on lave ce papier avec du gallo-nitrate, on le voit noircir complètement). Ce papier, quand on le sort de l'iodure de potassium, est trempé dans l'eau, puis séché légèrement dans du papier

---

(1) « De la même manière que j'ai exposée pour revivifier et restaurer une épreuve calotype affaiblie, on peut renforcer et revivifier des photographies faites sur toute autre espèce de papier photographique, mais celles-ci sont d'une beauté moindre et le plus souvent le résultat est inférieur. Je ne la recommande donc pas. »

(2) Environ 32 grammes.

(3) Environ un demi-litre.

brouillard ; on le place alors au foyer de la chambre obscure, préalablement mise au point sur un objet. Après 4 ou 5 minutes, on l'enlève, on le lave avec du gallo-nitrate et on le chauffe comme il a été dit précédemment ; on voit alors apparaître une image positive, c'est-à-dire dans laquelle les lumières de l'objet sont représentées par des lumières, et les ombres par des ombres.

« Des gravures peuvent très bien être copiées par le même moyen, et l'on en peut obtenir du premier coup des copies positives, seulement renversées de droite à gauche. Dans ce but, on prend et on expose à la lumière une feuille de papier calotype jusqu'à ce qu'elle brunisse comme il a été dit plus haut ; cependant il faut qu'elle devienne plus foncée que si on devait l'employer dans la chambre obscure. Le reste du procédé est le même. La gravure et le papier sensible peuvent être mis en presse au moyen de vis ou de toute autre méthode, et placés au soleil, qui généralement donne la copie en une minute ou deux. Cette copie, si elle n'est pas suffisamment visible, peut le devenir ou être renforcée au moyen du gallo-nitrate, comme il a été expliqué plus haut. Je sais que l'iodure de potassium, pour obtenir des épreuves photographiques positives, a été recommandé par d'autres personnes, aussi ne le réclamé-je pas comme une nouvelle invention pour lui-même, mais lorsqu'il est employé avec le gallo-nitrate, ou lorsque les épreuves sont rendues visibles ou renforcées postérieurement à leur formation. »

Talbot fait allusion ici à l'invention de Bayard relative au papeir positif préparé par noircissement et par l'iodure de potassium.

« Pour faire les portraits de sujets animés, je préfère employer comme objectif de ma chambre obscure une lentille dont la distance focale soit seulement trois ou quatre fois plus grande que le diamètre de son ouverture. La personne dont on fait le portrait doit être placée de telle façon que sa tête soit aussi assurée que possible, et en mettant la chambre au point sur cette partie, on reçoit une image sur le papier calotype sensibilisé. Je préfère pratiquer le procédé en plein air, sous un ciel serein, mais à l'abri de la lumière directe du soleil ; l'épreuve s'obtient généralement en une demi-minute ou une minute. Si l'on opère dans la lumière directe, on devra employer comme écran une feuille de verre bleu, pour mettre les yeux à l'abri d'un trop vif éclat ; cette feuille n'empêche pas les rayons chimiques d'affecter le papier. Le portrait ainsi obtenu du papier calotype est négatif, et l'on peut en obtenir un positif de la manière que l'on a précédemment décrite.

« Je réclame en premier lieu. — L'emploi de l'acide gallique, ou de la teinture de noix de galle, réunie à une solution d'argent, pour rendre plus sensible à l'action de la lumière le papier qui a reçu une préparation préalable.

« Secondement. — La méthode pour rendre visibles les images du papier, ou les renforcer lorsqu'elles sont affaiblies ou imparfaitement visibles, en les imprégnant de liquides agissant sur les parties où la lumière a déjà exercé son influence.

« Troisièmement. — L'obtention de portraits de sujets animés, par les moyens photographiques sur papier.

« Quatrièmement. — L'emploi du bromure de potassium ou de tout autre bromure soluble pour fixer les images obtenues.

« Daté : ce 29 juillet 1841, et enregistré le 17 août de la même année. »

Il est étonnant que, dans ces revendications, Talbot n'ait pas fait ressortir l'utilisation du cliché négatif au tirage des épreuves positives, car ce point établissait une démarcation bien tranchée par rapport aux procédés antérieurs.

Le papier calotype procurait le moyen de raccourcir énormément le temps de pose : Biot mit sous les yeux de l'Académie, le 15 mars, un portrait exécuté par Talbot en une minute.

Ce fut seulement dans la séance du 7 juin de cette année 1841 que le détail fut présenté à l'Académie ; la description y est d'ailleurs moins complète que dans le brevet ci-dessus.

Talbot apporta encore quelques perfectionnements au papier calotype, parmi lesquels l'emploi de l'hyposulfite pour le fixage ; ce fut l'objet d'un deuxième brevet. Puis il entreprit des recherches en vue de remplacer le papier par le verre (voir V).

V

LETTRES DE TALBOT AU SUJET D'INSTANTANÉS OBTENUS AVEC L'ALBUMINE SUR VERRE.

En 1847, Niepce de Saint-Victor ouvrait la voie à la photographie sur verre en y étendant une couche d'albumine sensibilisée. Talbot se rendit compte du grand avantage que présentait ce support au point de vue de la transparence ; le grain inhérent aux clichés sur papier était ainsi supprimé. Seulement l'albumine est moins sensible à la lumière ; Talbot chercha à faire disparaître cet inconvénient, et y parvint, comme le prouve la lettre suivante écrite de sa campagne de Lacock-Abbey le 16 juin 1851, et communiquée à l'Académie le 23 juin.

« La rapidité avec laquelle on obtient les images photographiques sur les plaques sensibles est telle qu'on s'est permis quelquefois de les appeler instantanées, mais cela n'a été qu'une façon de parler ; à la rigueur, elles sont loin de l'être : car tous les objets qui se meuvent avec une grande vitesse ont échappé jusqu'ici à la représentation photographique.

« J'ai trouvé dernièrement un moyen de rendre les plaques extrèmement sensibles, ce qui m'a donné l'espérance de pouvoir enfin obtenir une image vraiment instantanée, à laquelle aucun objet ne pourrait échapper, quelle que fût la vitesse de son mouvement. L'expérience a pleinement répondu à mon attente, et voici comment je m'en suis assuré.

« J'ai pris un papier couvert de caractères imprimés, et je l'ai collé contre un disque capable d'un mouvement rotatoire. J'ai disposé une *camera obscura*, contenant une plaque très sensible, dans une position convenable pour recevoir l'image de ce disque, que j'ai placé tout près d'une grande batterie électrique. Ayant fermé les volets de la chambre, j'ai fait tourner le disque avec une grande vitesse, la plus grande qu'il nous a été possible de lui imprimer ; alors j'ai ouvert la *camera obscura* et j'ai déchargé la batterie électrique : la décharge a répandu un éclair vif et instantané sur le disque ; alors j'ai retiré la plaque de la camera, et en l'examinant j'ai eu le plaisir de trouver qu'elle avait reçu l'image des caractères imprimés.

« Je n'ai remarqué aucun défaut de netteté dans l'image, elle m'a paru absolument telle qu'on l'aurait obtenue si le disque avait été stationnaire.

« J'ai l'intention de soumettre très prochainement à l'Académie la méthode dont je me suis servi pour rendre les plaques aussi sensibles qu'il le faut pour cette expérience. »

On peut objecter qu'une impression photographique suffisante avait lieu ici grâce à la puissance considérable de la source lumineuse ; mais il est juste d'observer que l'on ne savait pas encore, à cette époque, si, même avec un pareil éclairage, il était possible de recueillir les images d'objets animés d'un mouvement rapide, et dans un temps aussi court que la durée d'une décharge électrique. Cette expérience l'a démontré pour la première fois, et la sensibilité de la plaque devait être évidemment de beaucoup supérieure à celle que possédaient les plaques ordinaires à l'albumine.

Il est intéressant de noter que cet artifice, auquel Talbot a recouru en 1851, est encore aujourd'hui la grande ressource des opérateurs qui veulent réaliser un éclairage extrêmement court pour fixer sur le gélatino-bromure l'image d'un objet se déplaçant à très grande vitesse, par exemple une balle de fusil.

Le secret de la méthode qui a permis de sensibiliser ainsi l'albumine est dévoilé dans une lettre datée de Londres le 24 novembre 1851 et lue dans la séance du 1er décembre. La plaque de verre recouverte de la couche d'albumine est plongée dans un iodure de fer préparé d'une façon particulière :

« A une solution aqueuse de protoiodure de fer, on ajoute d'abord un volume égal d'acide acétique, ensuite 10 volumes d'alcool. On laisse reposer deux ou trois jours. Au bout de ce temps, l'iodure a changé de couleur ; de jaune, il est devenu fauve. En même temps, l'odeur de l'acide acétique et celle de l'alcool ont disparu, et le liquide a acquis une odeur agréable, un peu vineuse. »

On sensibilise ensuite dans le nitrate et on expose à la chambre noire. Le développement se fait au protosulfate de fer, et le fixage à l'hyposulfite. L'auteur ajoute :

« L'expérience délicate du disque tournant ne réussit qu'avec l'iodure de fer dans un état chimique déterminé. Cette substance présente des variations et des anomalies qui influent beaucoup sur le résultat ; c'est donc sur elle que ceux qui voudront répéter mon expérience doivent porter leur attention principale. »

Il est probable que l'accroissement de sensibilité est dû à deux causes : d'abord état instable de la solution iodurée, qui est en voie de décomposition et de transformation par acétification, ce qui facilite la réduction du sel d'argent ; ensuite, plus grande énergie réductrice du révélateur au sulfate de fer, qui ne tardera pas à supplanter l'acide gallique.

Ce procédé a été breveté, et décrit en détail dans l'*Athenaeum* du 6 décembre 1851 ; Talbot y reconnaît (1) que les moyens accélérarateurs dont il s'est servi sont dus, en principe, à deux Anglais : l'iodure de fer au Dr Woods, de Parsonstown, et la réaction du sulfate de fer à Robert Hunt.

---

(1) *Photographic News.*

VI

NOTE ET BREVET DE TALBOT SUR LA GRAVURE
PHOTOGRAPHIQUE.

Si Talbot a été poussé vers la photogravure par le souvenir de Niepce et par les tentatives exécutées dans ce sens sur la plaque du daguerréotype, il est juste de reconnaître qu'il est parvenu au but par une voie toute différente. Cette recherche, par les moyens employés, dérivait sans doute des essais effectués en Angleterre, d'abord en 1839 par Ponton, qui avait constaté qu'un papier imprégné de bichromate de potasse brunissait à la lumière, puis en 1843 par Hunt, qui avait ajouté à ce papier du sulfate de cuivre ou un sel alcalin. Voici le premier procédé de Talbot pour la gravure sur acier, d'après une communication à l'Académie en date du 2 mai 1853.

« Le problème intéressant de produire des gravures sur la plaque métallique, par la seule influence des rayons solaires combinée avec des procédés chimiques, a déjà exercé l'esprit de plusieurs physiciens distingués. Le premier qui a essayé d'en donner une solution fut le Dr Donné, de Paris ; il a été suivi par le Dr Berres, de Vienne, et, plus tard, par M. Fizeau, de Paris.

« Toutes ces recherches ingénieuses ont pris pour point de départ, je le crois du moins, une plaque de cuivre argentée impressionnée d'une image photographique par le procédé de M. Daguerre.

« Il paraît qu'on a obtenu quelquefois des résultats très heureux, mais que, malgré cela, ces méthodes n'ont pas beaucoup été suivies, à cause des difficultés et des incertitudes qu'on rencontrait toujours dans la pratique. Il faut même ajouter que les gravures obtenues, étant peu profondes, ont dû s'effacer bientôt, en ne donnant qu'un petit nombre de belles impressions.

« Pour ces raisons, en reprenant cette recherche l'année passée, j'ai cru devoir abandonner cette première idée qu'on a eue de graver les plaques daguerriennes, et chercher ailleurs les vrais moyens d'obtenir des gravures photographiques. Dans cette recherche, j'ai rencontré des difficultés nombreuses, comme je m'y attendais, mais j'espère avoir trouvé, enfin, une méthode sûre et bonne, qui n'exige pas trop de peine, et qui réussit toujours si on la pratique avec soin.

« Mes recherches ont eu surtout pour objet de trouver un moyen de graver l'acier, parce que je croyais que, si l'on pouvait réussir à graver, même faiblement, une plaque d'acier, elle fournirait assurément, à cause de sa dureté, autant d'impressions qu'on en voudrait avoir.

« Les épreuves que j'ai l'honneur de soumettre aujourd'hui à l'Académie ont été tirées de plaques d'acier gravées par ma méthode. Je dois ajouter que la gravure est toute photographique, car je n'ai pas voulu les faire retoucher en aucune manière par le burin. Je prie l'Académie de vouloir bien excuser les imperfections qu'on remarque dans ces premiers essais d'une nouvelle méthode, qu'il sera facile d'améliorer par la suite. Je n'ai pas voulu en retarder la communication pour pouvoir envoyer de meilleures épreuves, parce que celles-ci suffiront, du moins, pour donner une idée du procédé que j'ai suivi.

« Voici, maintenant, une description de la manière de faire ces gravures :

« Je prends la plaque d'acier que je veux graver, et je commence par la plonger dans le vinaigre acidulé avec un peu d'acide sulfurique, sans cela, la couche photographique ne tiendrait pas bien sur la surface trop unie de la plaque, mais s'en détacherait bientôt. La substance dont je me sers, pour produire sur la surface de la plaque une couche impressionnable par la lumière, est un mélange de gélatine avec le bichromate de potasse. Ayant séché et légèrement chauffé la plaque, j'en enduis toute la surface d'une manière uniforme avec cette gélatine ; ensuite, je mets la plaque sur un support bien horizontal, et je la chauffe doucement au moyen d'une lampe tenue dessous, jusqu'à ce qu'elle soit entièrement séchée. Alors la surface de la plaque doit paraître d'une belle couleur jaune et très uniforme. Si l'on y remarque des espaces nuageux produits par une espèce de cristallisation microscopique, c'est un signe que la proportion du bichromate est trop forte, et l'on recommence en corrigeant cette erreur.

« Ayant ainsi obtenu une couche uniforme de gélatine sèche, on prend l'objet, que je supposerai d'abord être d'une forme aplatie, comme par exemple un morceau de dentelle ou la feuille d'une plante. On le met sur la plaque, et on l'expose au grand soleil pendant une ou deux minutes; alors on retire la plaque, on ôte l'objet, et l'on examine l'image obtenue pour voir si elle est parfaite. Dans le cas où l'objet n'est pas de nature à être placé directement sur la plaque, il faut en prendre d'abord une image négative par les moyens photographiques ordinaires, puis tirer de là une image positive sur papier ou sur verre, puis mettre cette dernière image sur la plaque d'acier pour l'impressionner au soleil. Je suppose donc qu'on vienne d'obtenir une image correcte de l'objet. Elle sera d'une couleur jaune sur un fond brun, puisque l'effet des rayons solaires est de rembrunir la couche de gélatine. On prend alors la plaque impressionnée et on la met dans une cuvette d'eau froide pendant une ou deux minutes. On voit aussitôt que l'eau blanchit l'image, on la retire de l'eau, et on la met pour quelques instants dans l'alcool; on l'en retire, et on laisse découler l'alcool. Après cela, on laisse sécher la plaque spontanément par une chaleur modérée. L'image photographique sur la plaque est maintenant terminée.

« Cette image est blanche et se dessine sur un fond d'un brun jaunâtre; elle est souvent d'une beauté remarquable, ce qui vient surtout de ce qu'elle paraît ressortir un peu de la surface de la plaque. Par exemple, l'image d'une dentelle noire a l'apparence d'une véritable dentelle blanche collée sur la surface de la plaque, d'une couleur brunâtre. La blancheur de l'image vient de ce que l'eau a dissous tout le sel de chrôme, et aussi beaucoup de la gélatine qui le contenait. C'est pendant cette solution que l'eau a soulevé les parties sur lesquelles elle agissait, effet qui reste encore après qu'elles ont été séchées; de sorte que l'image n'est plus au niveau général de la surface; ce qui produit l'effet agréable dont j'ai parlé. Il s'agit maintenant de trouver un liquide qui puisse graver l'image que nous venons d'obtenir. D'après l'observation que nous venons de faire, c'est-à-dire que l'eau peut agir sur les images photographiques produites sur la gélatine, en enlevant le sel de chrôme avec une grande partie de la gélatine elle-même, on entrevoit bien la possibilité d'une pareille gravure. Car, en versant sur la plaque un liquide corrosif, il doit d'abord pénétrer par là où il éprouve la moindre résistance, c'est-à-dire aux endroits où l'épaisseur de la couche de gélatine a été réduite par l'action dissolvante de l'eau. C'est aussi ce qui a lieu dans les premiers instants, si l'on verse sur la plaque un peu d'acide nitrique mêlé à l'eau ; mais aussitôt après, l'acide pénètre la couche de gélatine partout, détruit ainsi le résultat, en attaquant toutes les parties de la plaque.

« Les autres liquides qui ont la propriété de graver l'acier ont, pour la plupart, une certaine analogie avec l'acide nitrique, à cause de leur pouvoir corrosif. Si on les essaye, on trouve leur effet assez semblable à celui de l'acide nitrique, et on ne peut guère les employer.

« Pour réussir dans l'expérience dont je parle, il faut trouver un liquide qui, bien qu'étant assez corrosif pour pouvoir graver l'acier, soit pourtant sans action chimique sur la gélatine, et n'ait qu'un faible pouvoir pénétrant. Heureusement, j'ai trouvé un liquide qui remplit ces conditions : c'est le bichlorure de platine. Néanmoins, pour qu'il réussisse bien, il faut le mêler avec une proportion d'eau assez exactement mesurée. Le meilleur moyen est de faire d'abord une solution très saturée de bichlorure, et ajouter ensuite de l'eau, en proportion égale au quart de son volume, puis corriger cette proportion encore, s'il le faut, par des expériences d'essai, jusqu'à ce que l'on trouve qu'elle réussit bien. En supposant donc qu'on a bien préparé le mélange du bichlorure avec l'eau, que je viens d'indiquer, voici comment on parvient enfin à graver l'image photographique qu'on a obtenue sur la plaque d'acier. On met la plaque sur une table horizontale ; et, sans qu'il soit nécessaire de l'entourer de cire, comme on le pratique ordinairement, on y verse un peu du liquide. Si l'on en mettait davantage, son opacité empêcherait de distinguer l'effet qu'il produit sur la plaque.

« La solution de platine ne cause aucun dégagement de gaz sur la plaque ; mais, au bout d'une ou deux minutes, on voit l'image blanche photographique se noircir, signe que la solution a commencé à attaquer l'acier. On attend encore une ou deux minutes ; puis, en inclinant la plaque, on verse le surperflu de la solution dans une bouteille disposée pour la recevoir. On sèche alors la plaque avec du papier brouillard ; ensuite on la lave avec de l'eau contenant beaucoup de sel marin ; puis, en frottant la plaque un peu fortement avec une éponge humide, on parvient en peu de temps à détacher et enlever la couche de gélatine qui la couvrait, et l'on peut voir alors la gravure que l'on a obtenue.

« Les expériences nombreuses que j'ai tentées en substituant la gomme ou l'albumine à la gélatine, ou en les mêlant ensemble en diverses proportions, m'ont conduit à conclure que la gélatine employée seule est ce qui réussit le mieux. On peut modifier de diverses manières le procédé que je viens de décrire, et changer ainsi l'effet de la gravure qui en résulte. Une des plus importantes de ces modifications consiste à prendre une plaque d'acier portant une couche de gélatine sensible à la lumière, la couvrir d'abord d'un voile de crêpe ou de gaze noire, puis l'exposer au grand soleil. En retirant la plaque, on la trouve empreinte d'un grand nombre de lignes produites par le crêpe. Alors on substitue au crêpe un objet quelconque, par exemple la feuille opaque d'une plante, et on remet la plaque au soleil pendant quelques minutes. En la retirant pour la deuxième fois, on trouve que le soleil a rembruni toute la surface de la plaque extérieure à la feuille, en détruisant tout à fait les lignes produites par le crêpe, mais que ces lignes subsistent toujours sur l'image de la feuille, qui les a protégées. Si l'on continue alors à graver la plaque par les moyens que j'ai indiqués, on parvient finalement à une gravure qui représente une feuille couverte de lignes intérieures. Ces lignes se terminent aux bords de la feuille et manquent absolument sur tout le reste de la plaque. En tirant une impression de cette gravure, on voit, si on la regarde à une distance un peu éloignée, l'apparence d'une feuille uniformément ombrée.

« Or, on s'aperçoit facilement que, si, au lieu de prendre un voile de crêpe ordinaire, on en prenait un d'une fabrication extrêmement délicate, et si l'on en prenait l'image photographique en la doublant cinq ou six fois sur la plaque, on obtiendrait un résultat de lignes s'entrecroisant, si fines et si nombreuses qu'elles produiraient l'effet d'une ombre uniforme sur la gravure, même en regardant d'assez près. Il y aura de l'avantage, je crois, à se servir de cette méthode, à cause que les lignes étroites et délicates gravées sur l'acier retiennent l'encre fortement. »

Talbot ouvrait ainsi une nouvelle voie à la gravure au moyen de la photographie par la découverte des remarquables propriétés que le bichromate donne aux matières organiques, telles que la gélatine, l'albumine et la gomme. Ici, il utilise seulement l'insolubilité et l'imperméabilité de la gélatine bichromatée qui a reçu l'impression de la lumière ; Poitevin reprendra cette étude et en fera sortir différents procédés de photolithographie et de photogravure.

Après avoir pris un brevet en Angleterre le 29 octobre 1852, Talbot chercha à perfectionner sa méthode de gravure et y apporta plusieurs ingénieuses modifications, qui firent l'objet d'un nouveau brevet en 1858. Ce procédé de *photoglyphie*, comme l'appelle son auteur, marque un progrès important, et le texte (1) même du brevet mérite de trouver place ici.

« Le procédé décrit dans ce brevet, et auquel j'ai donné le nom de gravure photoglyphique, est soumis aux règles suivantes :

« J'emploie des plaques d'acier, de cuivre ou de zinc, telles qu'elles sont habituellement préparées par les graveurs. Avant d'employer une de ces plaques, il en faut nettoyer la surface ; dans ce but, on la frotte avec un linge de toile imprégné d'un mélange de soude caustique et de blanc d'Espagne pour enlever toute trace de graisse. Lorsque ensuite elle est sèche on la frotte avec un nouveau linge de toile. On répète une dernière fois cette opération, après quoi la plaque est, en général, suffisamment propre.

---

(1) *Bulletin de la Société française de Photographie*, novembre 1858, d'après *Photographic News*, 22 octobre 1858.

« Pour la graver, je commence par la recouvrir avec une
substance sensible à la lumière. Je la prépare de la manière
suivante : un quart d'once (1) environ de gélatine est dissous
dans 8 à 10 onces (2) d'eau au moyen de la chaleur. A cette
solution on ajoute à peu près une once (3) d'une solution
saturée de bichromate de potasse dans l'eau ; le mélange est
ensuite filtré à travers une toile... »

Après avoir exposé la manière d'étendre la couche sensible et de
l'impressionner à la lumière sous l'objet à reproduire, comme dans
le précédent brevet de 1852, l'auteur arrive aux modifications qu'il
y a apportées.

« Ce que la méthode actuelle comporte de nouveau, c'est
le moyen d'après lequel l'épreuve obtenue, comme il vient
d'être dit ci-dessus, est transformée en gravure. J'avais
toujours supposé qu'au sortir du châssis il était nécessaire
de laver la plaque portant l'image photographique, soit dans
l'eau, soit dans un mélange d'eau et d'alcool, qui dissolvent
les parties de gélatine sur lesquelles la lumière n'a exercé
aucune action ; et je crois que toutes les personnes qui ont
employé cette méthode de graver par la gélatine et le bichromate de potasse, ont suivi ce même procédé, consistant à
laver l'image photographique. Mais, quelque soin que l'on
apporte à cette opération, on remarque sur la plaque une
fois sèche qu'elle a amené dans les lignes du dessin un
certain désordre qui nuit à la beauté du résultat. A présent,
je suis persuadé qu'il n'est pas du tout nécessaire de laver
l'image photographique ; au contraire, on obtient de bien plus
belles épreuves sur les plaques non lavées, car alors les lignes
les plus délicates et les détails du dessin ne sont en aucune
façon dérangés. Voici donc la marche que je suis maintenant :
quand la glace portant l'image photographique est sortie du
châssis à reproduction, je saupoudre sa surface avec soin
et très uniformément de gomme copal réduite en poudre

---

(1) Environ 8 grammes.
(2) 250 à 300 grammes.
(3) Environ 31 grammes.

fine (à défaut de celle-ci, j'emploie de la résine ordinaire). Il est plus facile de répandre la gomme uniformément sur la surface d'une plaque encore gélatinée que sur la surface brillante d'une plaque bien métallique. L'erreur capitale que l'opérateur doit éviter est l'emploi d'une trop grande quantité de poudre : les meilleurs résultats se produisent lorsqu'on a employé seulement une couche mince, pourvu qu'elle soit distribuée d'une manière bien uniforme. Si la quantité répandue en est trop considérable, elle empêche l'action postérieure du mordant. Quand la plaque est ainsi recouverte d'une couche légère de copal, on la chauffe horizontalement sur une lampe à alcool, pour fondre la gomme. On pourrait supposer que ce chauffage de la plaque, après la formation d'une image photographique fine et déliée à sa surface, y peut apporter quelque trouble : mais il n'en est rien. On reconnaît que le copal est fondu par le changement de couleur de la couche ; on enlève alors la plaque du feu, et on la laisse refroidir. On peut dire que l'on produit ainsi sur la gélatine le grain d'une aqua-tinta et que, par suite, c'est là un procédé nouveau ; seulement, dans la méthode ordinaire pour faire le grain d'une aqua-tinta, c'est sur la plaque métallique polie que l'on répand la poudre de résine.

« La gélatine étant ainsi recouverte d'une couche uniforme et très divisée de copal, on y verse le liquide qui doit servir de mordant. Celui-ci est ainsi préparé : on sature de l'acide muriatique (chlorhydrique) avec du peroxyde de fer, en ajoutant de celui-ci autant que l'acide peut en dissoudre. Après avoir filtré la solution pour la débarrasser des impuretés, on la concentre jusqu'à ce que le volume en soit considérablement réduit, puis on l'enferme dans des flacons ; la liqueur doit, par le refroidissement, se prendre en une masse demi-cristalline brune. Les flacons sont ensuite bouchés avec le plus grand soin et conservés pour être employés en temps et lieu. Je désignerai cette préparation sous le nom de *perchlorure de fer*, car je la crois identique aux composés décrits sous ce nom dans les Traités de chimie.

« C'est une substance très déliquescente. Quand on en prend une petite quantité, qu'on la sort du flacon, et qu'on la pose sur une plaque, elle tombe rapidement en déliquescence par suite de l'absorption de l'humidité atmosphérique. En solution dans l'eau, elle forme un liquide jaunâtre sous une faible épaisseur, mais brun lorsqu'on le regarde en plus grande masse. Pour rendre son mode d'emploi plus intelligible, je dirai d'abord qu'on peut très bien l'employer comme un mordant ordinaire, c'est-à-dire que, si une plaque de cuivre, d'acier, ou de zinc, est recouverte d'une réserve sur laquelle on a tracé au moyen d'une pointe d'acier des lignes, de manière à produire un effet artistique quelconque, et si sur cette plaque on verse une solution de perchlorure de fer, celle-ci effectue une morsure rapide, et cela sans produire aucun dégagement de gaz, ni apporter aucun trouble dans le dessin ; aussi je considère ce liquide comme bien supérieur à l'eau-forte sous ce point de vue, sans compter encore qu'il ne peut attaquer les mains ni les habits de l'opérateur, au cas où il viendrait à les toucher. On peut l'employer à des degrés différents pour la morsure des plaques ordinaires, mais elle demande des précautions particulières pour la gravure photoglyphique, et, comme le succès de la méthode dépend presque absolument de ce point, il y faut porter la plus grande attention.

« L'eau dissout des quantités extraordinaires de perchlorure de fer, et cette dissolution est même souvent accompagnée d'un dégagement de chaleur. J'ai trouvé que le meilleur moyen d'employer cette solution était le suivant :

« Un flacon (n° 1) est rempli d'une solution saturée de perchlorure de fer dans l'eau.

« Un flacon (n° 2) est rempli d'un mélange formé de 5 ou 6 parties de la solution saturée et de 1 partie d'eau.

« Enfin un flacon (n° 3) est rempli d'un liquide plus étendu, formé par parties égales d'eau et de la solution saturée.

« Avant d'attaquer une gravure importante, il est bon de faire quelques essais préliminaires pour s'assurer que les trois solutions ci-dessus possèdent bien la force convenable. Je vais décrire la marche de ces essais. J'ai dit plus haut comment on obtenait l'épreuve photographique sur la plaque gélatinée, comment on saupoudrait celle-ci de copal, et comment enfin on faisait fondre cette gomme en chauffant la plaque sur une lampe à alcool. Lorsque la plaque est parfaitement froide, elle est en état d'être soumise au mordant, ce qu'on exécute ainsi : une petite quantité du flacon n° 2 est versée sur la plaque et étendue bien uniformément au moyen d'un pinceau. Il n'est pas nécessaire d'établir un rebord en cire sur les extrémités de la plaque, car le liquide n'a aucune tendance à s'en échapper. Le liquide pénètre la gélatine là où la lumière n'a pas agi, mais refuse de traverser les parties sur lesquelles l'action lumineuse a produit une décomposition. C'est sur ce fait remarquable qu'est basé tout l'art de la gravure photoglyphique. En une minute environ, on voit commencer la morsure, elle se manifeste par la coloration brune ou noire des parties mordues ; elle s'étend alors sur toute la plaque, sur laquelle, de tous côtés, les détails se manifestent avec une grande rapidité. Il n'est pas à désirer que cette rapidité soit trop considérable, car dans ce cas, il est nécessaire d'arrêter la morsure avant qu'elle ait atteint une profondeur suffisante (ce qui exige une action prolongée pendant quelques minutes). Si, cependant, on trouvait par exemple que la morsure marche trop vite, on augmenterait la concentration du liquide n° 2 en lui ajoutant un peu de solution saturée n° 1 avant de l'employer pour une autre gravure ; mais si, au contraire, la morsure ne se produit pas au bout de quelques minutes, ou si elle commence, mais en marchant lentement, c'est un signe que le liquide n° 2 est trop concentré et trop proche de la saturation. Pour le corriger, on lui ajoute un peu d'eau avant de l'employer pour une autre gravure. Mais, en agissant ainsi, l'opérateur doit faire attention que la plus petite quantité d'eau ajoutée occasionne une grande différence et fait mordre le liquide très rapidement. Il devra donc prendre garde, en ajoutant de l'eau, de n'en pas mettre une trop grande quantité. Quand on a fixé convenablement la concentration du flacon n° 2, ce qui exige, en général, deux ou trois essais, on peut l'employer avec sécurité. Supposant qu'il en soit ainsi, on commence la morsure comme il a été dit ci-dessus, et l'on continue jusqu'à ce que tous les détails soient visibles et présentent une apparence satisfaisante à l'œil de l'observateur, ce qui exige généralement deux à trois minutes. Pendant ce temps, on doit continuellement promener le liquide avec un pinceau, et même frotter un peu la gélatine, ce qui produit un bon résultat. Lorsqu'on juge que la morsure ne fait plus de progrès, on arrête. On y parvient en épongeant le liquide avec une étoffe de coton et passant rapidement un courant d'eau froide qui enlève les dernières parties. La glace est ensuite essuyée avec un linge de toile, puis frottée avec du blanc d'Espagne pour enlever la gélatine. La gravure est alors complète.

« Je dois décrire encore un autre procédé de morsure différent très peu du premier et que j'emploie quelquefois. Quand la plaque est prête à être mordue, je verse à sa surface une petite quantité du liquide n° 1 (solution saturée) et je l'y laisse séjourner une ou une deux minutes. Il n'y a pas d'effet apparent, mais cependant une action utile, car la gélatine durcit. On l'enlève alors de la plaque et l'on verse une quantité suffisante du n° 2. Celui-ci exécute la morsure de la manière qui a été décrite, et, si elle est satisfaisante, il ne faut rien essayer de plus. Mais il arrive quelquefois que certaines parties faibles de la gravure, telles que les montagnes éloignées ou les bâtiments dans un paysage, refusent d'apparaître, ce qui, dans ce cas, rendrait la gravure imparfaite. Je recommande alors à l'opérateur de prendre dans un verre une certaine quantité du liquide n° 3 (solution étendue) et de l'employer, sans le verser sur la plaque, mais en y trempant un pinceau avec lequel il ira toucher seulement les parties faibles dont il veut augmenter l'effet. Ce simple procédé fait apparaître le plus souvent les détails que l'on recherche, et cela avec une grande rapidité. Aussi l'opérateur doit-il prendre des précautions en faisant usage du liquide n° 3 ; il doit éviter surtout que la morsure ne s'étende aux parties qui doivent rester complètement blanches. Mais, en des mains habiles, ce moyen ne peut manquer d'être avantageux, car il manifeste des ombres douces qui améliorent beaucoup la gravure, et qui, sans cela, eussent été probablement perdues. »

Ce procédé, avec morsure par le perchlorure de fer, est encore en usage, particulièrement sur planche de zinc où il réussit très bien.

NIEPCE DE SAINT-VICTOR

I

NOTICE SUR NIEPCE DE SAINT-VICTOR.

Abel Niepce de Saint-Victor, né le 26 juillet 1805 à Saint-Cyr, près de Châlon-sur-Saône, était cousin issu de germain de Nicéphore Niepce (1), bien qu'il eût toujours appelé celui-ci son oncle.

Sorti en 1827 de l'École de cavalerie de Saumur, lieutenant au 1er régiment de dragons à Montauban en 1842, il débuta par des essais de teinture dans les recherches scientifiques qui devaient illustrer son nom.

« Un jour, dit M. Lacan (2), son pantalon d'uniforme fut taché de vinaigre ou de jus de citron. Soigneux comme le sont ordinairement les officiers, M. Niepce chercha le moyen de faire disparaître ces taches. Après plusieurs essais, il parvint, avec quelques gouttes d'ammoniaque, à raviver la couleur de la garance.

« Or, à la même époque, le Ministre de la guerre venait de décider que les revers, collets et parements d'uniforme de treize régiments de cavalerie, qui avaient été jusqu'alors roses, aurores ou cramoisis, seraient à l'avenir de couleur orangée. M. Niepce, que ses premières expériences avaient vivement intéressé, se mit à étudier différentes substances colorantes

---

(1) Fouque.

(2) Introduction par M. Ernest Lacan à un recueil de *Recherches photographiques* de Niepce de Saint-Victor, publié par Gaudin. 1855.

dont les propriétés, combinées à celles des acides, semblaient devoir le conduire au résultat désiré. »

Il y réussit, en effet, et donna une recette qui permit d'exécuter cette transformation à très peu de frais.

Cet incident décida de sa vie.

« L'officier de dragons avait entrevu toutes les poignantes émotions du savant. Il avait mis le pied dans ce pays fantastique que l'on nomme le domaine de la science, où chaque pas présente au regard quelque chose de nouveau qui le fascine et le captive ; où l'attrait de l'inconnu, comme un pouvoir magnétique, vous attire et vous emporte toujours en avant : le chercheur venait de se révéler... »

Le 13 avril 1845, il est incorporé avec son grade dans la garde municipale de Paris ; logé dans la caserne du faubourg Saint-Martin, il peut transformer en laboratoire de chimie la salle de police, rendue inutile par l'esprit de discipline de ce corps d'élite, et il profite de tous les instants de loisir que lui laisse son service pour poursuivre des études qui se ressentent de sa parenté avec Nicéphore Niepce.

Le 25 octobre 1847, il présente à l'Académie des Sciences un premier mémoire, relatif à la reproduction des gravures et des dessins par la vapeur d'iode. Il a découvert qu'une gravure exposée à la vapeur d'iode s'en imprègne surtout dans les noirs, et que, si l'on applique ensuite cette gravure sur un papier amidonné mouillé avec de l'eau acidulée par l'acide sulfurique, le dessin s'y reproduit en positif par la formation d'iodure bleu d'amidon. Il obtient le même résultat, mais avec plus de finesse, en substituant au papier la porcelaine, le verre, les métaux, etc., sur lesquels il étend une couche d'empois d'amidon. Le mémoire contient quantité de détails sur la pratique du procédé, sur une autre propriété de la vapeur d'iode de se porter sur les parties en relief, sur le remplacement de la vapeur d'iode par les vapeurs de phosphore et de soufre, et sur le traitement des gravures par l'acide azotique et par l'hypochlorite de chaux, qui donnent sur plaques de cuivre ou d'argent des images négatives. M. Chevreul, qui présenta cette communication à l'Académie, en fit sentir toute l'importance, en particulier au point de vue des différences d'attraction exercées sur les vapeurs par les noirs et les blancs du papier.

Cette étude fut le point de départ des recherches exécutées par Niepce de Saint-Victor, de 1847 à 1850, au sujet de l'albumine sur verre (voir II).

Dans cet intervalle survinrent les journées de février 1848 ; la caserne fut incendiée, le laboratoire détruit, et le malheureux officier ne put sauver que sa vie et celle de sa femme ; il perdait les produits chimiques et les appareils qu'il avait acquis à force de privations et d'économies sur sa modeste solde de lieutenant. Cependant, loin de s'abandonner au découragement, il profita des loisirs forcés que lui causait le licenciement de la garde nationale pour se remettre au travail.

Réintégré en juillet 1848 dans un régiment de dragons, où il fut nommé capitaine le 11 novembre, il revint à Paris en avril 1849 avec le même grade dans la garde républicaine. Il fut nommé chevalier de la Légion d'honneur le 10 décembre 1849 pour ses recherches scientifiques, qui lui avaient déjà valu une médaille de 2,000 francs de la Société d'encouragement.

Nous arrivons à une nouvelle phase, inspirée par les recherches qu'Ed. Becquerel avaient commencées en 1848 sur l'héliochromie ; il avait réussi à reproduire les couleurs du spectre solaire sur des plaques argentées recouvertes de chlorure d'argent. Niepce de Saint-Victor entreprit à ce sujet de nombreuses expériences qu'il serait trop long de rapporter ici, et qui ont perdu beaucoup de leur intérêt depuis les nouvelles études de la photographie des couleurs.

Dans six mémoires, échelonnés de 1851 à 1866, il cherche à donner aux couleurs de la plaque la plus grande vivacité, à les fixer, et à faire une application à la chambre noire d'après une poupée habillée avec des nuances éclatantes. Il y parvient en partie, et reproduit toutes les couleurs, y compris le blanc et le noir, mais sans pouvoir obtenir le *fixage* ; il arrive seulement à ralentir l'action ultérieure de la lumière sur les couleurs au moyen d'un vernis à base de chlorure de plomb fondu.

De 1853 à 1855, il reprend le procédé au bitume de Judée de Nicéphore Niepce (voir III) et en perfectionne l'emploi à la gravure. Par l'étude des essences, il réussit à réduire de beaucoup la durée de pose.

Nommé chef d'escadron le 3 février 1854, et appelé, le 19, aux fonctions de commandant du Louvre, il allait disposer du temps nécessaire à la poursuite de ses expériences. Malheureusement, par suite d'une décision ministérielle toute récente, qui mettait en non-activité les commandants des palais impériaux, il y perdit toute chance d'avancement et les deux tiers de sa solde. Il n'en continua pas moins à offrir à son pays tout le fruit de ses travaux.

Enfin, de 1857 à 1867, il aborde l'étude des actions de la lumière (voir IV) et fait connaître d'innombrables faits, soit de nature chimique, et utilisés en partie pour les reproductions industrielles, soit de nature lumineuse, et se rattachant par certains points aux radiations invisibles.

Niepce de Saint-Victor est mort en 1870, laissant un bel exemple de modestie et de désintéressement. Ses travaux, qui portent la marque d'un expérimentateur ingénieux et d'un chercheur passionné, ont fourni à la science photographique une accumulation de matériaux. Certains d'entre eux sont déjà utilisés, parmi lesquels, en première ligne, le *cliché négatif sur verre,* qui a causé une véritable révolution et qui suffirait à lui seul pour rendre célèbre le nom de son auteur ; citons encore dans cette catégorie l'étude des vernis, les perfectionnements apportés au bitume de Judée, les recherches sur les actions de la lumière. D'autres matériaux trouvent seulement aujourd'hui un terrain propice, en particulier ceux qui sont relatifs aux radiations invisibles. D'autres enfin, attendent encore le moment où ils sortiront de l'ombre, peut-être sous un nom d'emprunt pour former quelques-unes de ces fréquentes résurrections que l'on désigne sous le nom de vieux-neuf. La constitution de cette mine, d'où il y a encore tant à extraire, ajoute un caractère spécial à l'œuvre de Niepce de Saint-Victor.

II

MÉMOIRES DE NIEPCE DE SAINT-VICTOR AU SUJET DE LA PHOTOGRAPHIE A L'ALBUMINE SUR VERRE.

La reproduction des dessins obtenus avec l'empois d'amidon sur verre et la vapeur d'iode conduisirent tout naturellement Niepce de Saint-Victor à l'idée de remplacer par ce support transparent les papiers dont on se servait alors, à la suite de Talbot, pour produire à la chambre noire les clichés négatifs. Il suffisait de sensibiliser la couche sur verre au moyen des sels d'argent. C'est ce qu'il exécuta en même temps qu'il s'occupait des vapeurs ; et, dans la même séance du 25 octobre 1847, il présenta à l'Académie une note à ce sujet, d'un intérêt considérable, car c'est le point de départ de la photographie sur verre, si employée depuis. Voici cette note :

« Quoique ce travail ne soit qu'ébauché, je le publie tel qu'il est, ne doutant pas des rapides progrès qu'il fera dans des mains plus exercées que les miennes, et par des personnes qui opéreront dans de meilleures conditions qu'il ne m'a été permis de le faire.

« Je vais indiquer les moyens que j'ai employés, et qui m'ont donné des résultats satisfaisants, sans être parfaits ; comme tout dépend de la préparation de la plaque, je crois devoir donner la meilleure manière de préparer l'empois.

« Je prends 5 grammes d'amidon, que je délaye avec 5 grammes d'eau, puis j'y ajoute encore 95 grammes, après quoi j'y mêle 35 centigrammes d'iodure de potassium étendus dans 5 grammes d'eau. Je mets sur le feu : lorsque l'amidon est cuit, je le laisse refroidir, puis je le passe dans un linge, et c'est alors que je le coule sur les plaques de verre, ayant l'attention d'en couvrir toute la surface le plus également possible. Après les avoir essuyées en dessous, je les pose sur un plan parfaitement horizontal, afin de les sécher assez rapidement au soleil ou à l'étuve, pour obtenir un enduit qui ne soit pas fendillé, c'est-à-dire pour que le verre ne se couvre pas de cercles où l'enduit est moins épais qu'ailleurs (effet produit, selon moi, par l'iodure de potassium). Je préviens que l'amidon doit toujours être préparé dans un vase de porcelaine, et que la quantité de 5 grammes, que je viens d'indiquer, est suffisante pour enduire une dizaine de plaques, dites *d'un quart*. On voit par là qu'il est facile de préparer un grand nombre de plaques à la fois. Il importe encore de ne pas laisser de bulles d'air, qui feraient autant de petits trous dans les épreuves.

« La plaque étant préparée de cette manière, il suffira, lorsqu'on voudra opérer, d'y appliquer de l'acéto-nitrate, au moyen d'un papier trempé à plusieurs reprises dans cette composition ; on prendra ensuite un second papier imprégné d'eau distillée que l'on passera sur la plaque. »

Au lieu du gallo-nitrate de Talbot, Blanquart-Evrard, de Lille, qui a simplifié et vulgarisé en France le procédé calotype, employait l'acéto-nitrate, qui résulte de la substitution de l'acide acétique à l'acide gallique dans le liquide sensibilisateur.

« Un second moyen consiste à imprégner préalablement la couche d'empois d'eau distillée, avant de mettre l'acéto-nitrate ; dans ce dernier cas, l'image est bien plus noire, mais l'exposition à la lumière doit être un peu plus longue que par le premier moyen que j'ai indiqué.

« On expose ensuite la plaque dans la chambre obscure, et on l'y tient un peu plus de temps peut-être que s'il s'agissait d'un papier préparé par le procédé de M. Blanquart. Cependant j'ai obtenu des épreuves très noires en vingt-cinq secondes au soleil, et en une minute à l'ombre. L'opération est conduite ensuite comme s'il s'agissait de papier, c'est-à-dire que l'on se sert de l'acide gallique pour faire paraître le dessin, et du bromure de potassium pour le fixer.

« Tel est le premier procédé dont je me suis servi ; mais, ayant eu l'idée d'employer l'albumine (blanc d'œuf), j'ai obtenu des produits bien supérieurs sous tous les rapports, et je crois que c'est à cette dernière substance qu'il faudra donner la préférence.

« Voici la manière dont j'ai préparé mes plaques : j'ai pris dans le blanc d'œuf la partie la plus claire (cette espèce d'eau albumineuse), dans laquelle j'ai mis de l'iodure de potassium ; puis, après l'avoir coulée sur les plaques, je l'ai laissée sécher à la température ordinaire (si elle était trop élevée, la couche d'albumine se gercerait). Lorsqu'on veut opérer, on applique l'acéto-nitrate en le versant sur la plaque, de manière à en couvrir toute la surface à la fois ; mais il serait préférable de la plonger dans cette composition pour obtenir un enduit bien uni.

« L'acéto-nitrate rend l'albumine insoluble dans l'eau et lui donne une grande adhérence au verre. »

C'est l'acide acétique qui produit cette insolubilité de l'albumine. Avec la gélatine le résultat est tout opposé, ce qui obligera Poitevin à renoncer à l'acéto-nitrate pour sensibiliser ses plaques.

« Avec l'albumine, il faut exposer un peu plus longtemps à l'action de la lumière que quand on opère avec l'amidon ; l'action de l'acide gallique est également plus longue ; mais, en compensation, on obtient une pureté et une finesse de traits remarquables, qui, je crois, pourront un jour atteindre à la perfection d'une image sur la plaque d'argent.

« J'ai essayé les gélatines : elles donnent aussi des dessins d'une grande pureté (surtout si l'on a la précaution de les filtrer, ce qu'il est essentiel de faire pour toutes les substances, excepté l'albumine); mais elles se dissolvent trop facilement dans l'eau. Si l'on veut employer l'amidon, il faudra choisir le plus fin ; pour moi, qui n'ai employé que celui du commerce, le meilleur que j'ai trouvé est celui de la maison Groult.

« C'est en employant les moyens que je viens d'indiquer que j'ai obtenu des épreuves négatives. Quant aux épreuves positives, n'en ayant pas fait, je n'en parlerai pas ; mais je présume que l'on peut opérer comme pour le papier, ou bien en mettant les substances dans l'amidon, mais non dans l'albumine, qu'il ne faudra même pas passer dans la solution de sel marin. Il faudra, pour l'albumine, plonger la plaque dans le bain d'argent, et, si la solution de sel marin est indispensable, on pourra mettre du chlorure de sodium dans l'albumine avant de la couler sur la plaque.

« Si l'on préfère continuer à se servir de papier, j'engagerai à l'enduire d'une ou deux couches d'empois ou d'albumine, et l'on aura alors la même pureté de dessin que pour les épreuves que j'ai faites avec l'iode ; mais je crois que cela ne vaudra jamais un corps dur et poli, recouvert d'une couche sensible.

« J'ajouterai que l'on pourra obtenir de très jolies épreuves positives sur verre opale.

« Ne peut-on pas espérer que, par ce moyen, on parvienne à tirer des épreuves de la pierre lithographique, ne serait-ce qu'en crayonnant le dessin reproduit, si l'on ne peut pas l'encrer autrement ? J'ai obtenu de très belles épreuves sur un *schiste* (pierre à rasoir) enduit d'une couche d'albumine. A l'aide de ce moyen, les graveurs sur cuivre et sur bois pourront obtenir des images qu'il leur sera très facile de reproduire.

« Tous les procédés de photographie sur papier peuvent s'employer sur une couche d'empois ou d'albumine. »

Ces recherches furent continuées, et, malgré le trouble apporté par la Révolution de 1848 (voir I), aboutirent à une nouvelle note communiquée à l'Académie le 12 juin 1848.

« Dans le mémoire que j'ai eu l'honneur de présenter à l'Académie au mois d'octobre dernier, j'ai publié ce que j'avais fait alors relativement à la photographie sur verre. Aujourd'hui je viens ajouter les nouveaux résultats que j'ai obtenus.

« Les épreuves que j'ai l'honneur de présenter ne sont encore que des reproductions de gravure et de monuments d'après nature, la longueur de l'opération ne m'ayant pas permis de faire le portrait en employant l'albumine seule ; cependant j'ai obtenu des épreuves de paysages en 80 à 90 secondes à l'ombre, et, si l'on mélange du tapioka avec l'albumine, on accélère l'opération, mais l'on perd en pureté de traits ce que l'on gagne en vitesse.

« J'ai indiqué dans mon mémoire deux substances propres à la photographie sur verre, l'amidon et l'albumine.

J'ai donné les moyens de préparer l'amidon ; mais, comme l'albumine lui est bien préférable, je ne parlerai que de celle-ci.

« Voici la manière de procéder : on prend deux ou trois blancs d'œufs (selon le nombre de plaques à préparer), dans lesquels on verse de douze à quinze gouttes d'eau saturée d'iodure de potassium, selon la grosseur des œufs ; on bat ensuite les blancs en neige, jusqu'à ce qu'ils aient assez de consistance pour tenir sur le bord d'une assiette creuse. On nettoie parfaitement la partie de l'assiette restée libre, afin d'y laisser couler l'albumine liquide, qui s'échappe de la mousse en plaçant l'assiette sur un plan incliné. Après une heure ou deux, le liquide est versé dans un flacon de verre pour s'en servir au besoin.

« On peut conserver l'albumine pendant 48 heures au moins, en la tenant au frais.

« Une grande difficulté existe pour étendre l'albumine également sur la plaque de verre ; le procédé qui m'a le mieux réussi est celui-ci. Je mets l'albumine dans une capsule de porcelaine plate carrée, de manière que le fond en soit recouvert d'une couche de 2 ou 3 millimètres d'épaisseur ; je place la feuille de verre verticalement contre une des parois de la bassine ; je l'incline ensuite en la soutenant avec un crochet, de façon à lui faire prendre tout doucement la position horizontale ; je la relève avec précaution au moyen du crochet, et je la place sur un plan parfaitement horizontal.

« Tel est le moyen qui m'a donné les meilleurs résultats, et avec lequel on peut obtenir une couche d'égale épaisseur : chose essentielle, car, s'il y a excès d'albumine dans certaines parties de la plaque, elles s'écailleront sur le cliché.

« Lorsque l'albumine aura été appliquée comme je viens de le dire, on la fera sécher à une température qui ne doit pas dépasser 15 à 20 degrés ; sans cette précaution, la couche se fendillerait et ne donnerait plus que de mauvais résultats. C'est pour cela que, dans le cas où la température dépasserait 20 degrés, il conviendrait de ne préparer les plaques que le soir, et de les placer sur un marbre recouvert d'un linge mouillé ; elles sèchent alors lentement la nuit, et le lendemain matin on les place dans un lieu frais, jusqu'à ce qu'on veuille s'en servir. Sans cette précaution, la couche, quoique sèche, se fendillerait aussitôt qu'elle serait exposée à une température un peu élevée ; mais, pour obvier à cet inconvénient, on passe les plaques, dès qu'elles sont sèches, dans l'acéto-nitrate d'argent, et on les conserve à l'abri de la lumière.

« L'expérience m'a appris que l'image venait tout aussi bien, la couche étant sèche, que si elle était mouillée ; seulement, l'opération est un peu plus longue dans le premier cas ; mais cet inconvénient est bien compensé par la facilité que l'on a de transporter les plaques pour opérer au loin.

« La feuille de verre étant enduite d'une couche d'albumine qui contient de l'iodure de potassium, on la passe dans la composition d'acéto-nitrate en employant les mêmes moyens que j'ai indiqués pour l'application de l'albumine, et on la lave avec de l'eau distillée, puis on l'expose dans la chambre obscure. On se sert d'acide gallique pour faire paraître l'image, et du bromure de potassium pour la fixer.

« Quant à la supériorité du cliché sur verre à celui sur papier, je crois qu'elle est (sauf la vitesse) incontestable sous tous les rapports.

« Pour les épreuves positives, il est reconnu que le papier est plus avantageux que le verre ; mais, pour obtenir une grande pureté de traits et de plus beaux tons, il faut fortement l'encoller avec de l'amidon.

« Je crois devoir appeler l'attention de l'Académie sur l'avantage que ce nouvel art peut avoir pour l'histoire naturelle et la botanique ; je veux parler d'une foule de sujets qu'il est difficile aux dessinateurs et aux peintres de reproduire fidèlement : par exemple les insectes, particulièrement les lépidoptères, etc.

« La botanique pourra également acquérir ainsi des figures de fleurs et de plantes d'une fidélité parfaite, qu'un cliché sur verre permettra de reproduire à l'infini, et que l'on pourra ensuite colorier.

« Tel est le résultat où mes nombreuses recherches m'ont amené, et que je m'empresse de livrer à la publicité. »

Ce procédé à l'albumine sur verre, qui affranchissait du grain du

papier et donnait ainsi du premier coup une finesse qu'aucun autre
n'a jamais surpassé depuis, devint rapidement usuel entre les mains
d'un grand nombre d'opérateurs, parmi lesquels il faut citer Bayard.
Aujourd'hui encore, c'est à l'albumine qu'on a recours lorsqu'on
cherche le maximum de délicatesse et de netteté, par exemple pour
les plaques destinées à une forte amplification. Le seul inconvénient
de l'albumine consiste dans la lenteur avec laquelle elle est impressionnée ; aussi Niepce de Saint-Victor va-t-il chercher les moyens
de la rendre plus sensible.

Le 3 juin 1850, il présente à l'Académie une note sur des images
du soleil et de la lune obtenues sur verre.

« Ayant entendu dire à M. Arago dernièrement à l'Académie que des épreuves du soleil avaient été faites sur plaque d'argent, j'ai voulu voir l'effet que l'on obtiendrait sur
une feuille de verre enduite d'une couche d'albumine coagulée, qui donne, comme l'on sait, une épreuve inverse ou
négative.

« Voici comment j'ai opéré : après avoir préparé ma
plaque de verre, sans employer de moyens d'accélération,
je l'ai exposée dans la chambre obscure dont l'objectif (j'ai
opéré avec un objectif pour un quart de plaque) était dans
la direction du soleil, et dont j'avais placé l'image au foyer
visuel, qui dans cet objectif correspond exactement au foyer
photogénique.

« Mes premières expériences ont été faites le plus rapidement possible, c'est-à-dire le temps de découvrir et couvrir l'objectif, en opérant avec un diaphragme de 5 millimètres de diamètre. Malgré cela, l'image venait trop vite ;
lorsqu'on soumettait la plaque à l'action de l'acide gallique,
elle passait complètement au noir. J'ai eu alors l'idée d'enlever le diaphragme et de découvrir l'objectif assez longtemps pour que l'image apparût sans le secours de l'acide
gallique, et cela m'a réussi.

« La première plaque a été exposée cinq secondes, et la
deuxième dix secondes.

« Voici les résultats que j'ai obtenus : la première plaque
offrait une image très visible et très nette, d'une couleur
rouge sanguin, et dont le centre avait une intensité de couleur beaucoup plus forte que les bords, comme l'on peut
s'en convaincre en examinant la plaque.

« La seconde plaque offrait la même différence du centre
à la circonférence, mais avec plus d'intensité ; et, en outre,
il y avait un cercle autour de l'image, en forme d'auréole. »

Cette auréole n'était autre chose que ce que nous appelons aujour-
d'hui le *halo*, phénomène dû à la réflexion de la lumière sur la face
postérieure du verre. On voit que l'observation de cet inconvénient
inhérent aux couches sensibles sur verre, dans les points éclairés
avec une forte intensité, a suivi de près l'emploi de ce support ; la
première remarque relative au halo date donc de 1850.

« La différence d'intensité du centre au bord est d'autant plus grande que, malgré l'effet du contraste, elle est
encore très sensible, surtout en l'examinant à la loupe. Et,
par le même effet du contraste, si l'on fait noircir l'image
par l'acide gallique, l'effet inverse a lieu. »

L'effet inverse consiste dans un éclaircissement du centre par rapport à la teinte des bords de l'image ; le contraste peut jouer là un
certain rôle, mais il est possible aussi que le développement ait
amené le renversement de l'image connu aujourd'hui sous le nom
de *solarisation*.

« J'ai fait plus de vingt épreuves, et presque toutes
m'ont donné les mêmes résultats.

« Il s'ensuit donc de ces expériences que les résultats
obtenus sont tout à fait conformes à l'opinion émise par
M. Arago, c'est-à-dire que les rayons photogéniques éma-
nant du centre du soleil ont plus d'action que ceux des
bords ou de la circonférence.

« J'ai essayé et je suis parvenu à prendre l'image de la
lune en 25 secondes, la lune étant dans son plein et parfaitement au foyer de mon objectif ; et, sans m'être servi
d'héliostat, j'ai obtenu une image très ronde. Mais la rapidité avec laquelle j'ai opéré fait que la lune n'a pas eu le
temps de marcher d'une manière sensible ; car je dirai que,
si l'on pose 30 secondes, on a déjà une image un peu ovale.

« Il m'a fallu, pour avoir l'image de la lune, employer mes
plus grands moyens d'accélération : ceux qui me permettent
de prendre une épreuve d'un paysage éclairé par la lumière
diffuse en une seconde ou deux au plus.

« J'ai obtenu cette grande rapidité avec les moyens que j'ai consignés dernièrement à l'Académie dans un dépôt cacheté. Ce dépôt renferme aussi un moyen analogue à celui que M. Blanquart vient de publier pour opérer à sec sur papier; de même que j'indique la manière de glacer un papier avec l'albumine pour les épreuves positives.

« Je me propose de faire connaître ces moyens lorsque j'aurai terminé les travaux qui m'occupent dans ce moment. »

Ce mystère est révélé peu de temps après, le 19 août, dans une communication qui contient les moyens de rendre la plaque plus sensible.

« J'ai entendu, lundi, annoncer à l'Académie un procédé d'accélération qui est le même que celui que j'ai consigné dans un paquet cacheté le 20 mai dernier. Je l'aurais publié plus tôt si je n'avais pas tenu à montrer des épreuves de portraits sur grande plaque. Celles que j'ai l'honneur de présenter, quoique imparfaites, suffiront pour constater la rapidité avec laquelle on a opéré.

« Le procédé consiste à mélanger avec l'albumine 2 ou 3 grammes de miel par chaque blanc d'œuf, selon leur grosseur; de même qu'il faut mettre de 30 à 40 centigrammes d'iodure de potassium cristallisé avant de battre les œufs; il est essentiel que l'albumine soit complètement à l'état de mousse, afin de l'avoir très pure.

« C'est toujours, jusqu'à présent, une opération assez difficile que d'étendre également la couche d'albumine sur la plaque de verre; peu de personnes l'appliquent convenablement. On se sert ordinairement d'une baguette de verre ou d'une pipette; ou bien on l'étend par un mouvement de la main; mais tout cela demande une très grande habitude; tandis que, si l'on parvient à l'appliquer par un moyen mécanique, on rendra la chose constante et facile; c'est ce que j'espère pouvoir démontrer bientôt.

« La couche d'albumine étant sèche, on passe la plaque dans le bain d'acéto-nitrate, qui doit être composé ainsi : nitrate d'argent, 6 grammes; acide acétique combustible, 12; eau distillée, 60.

« On ne doit laisser immerger la plaque dans cette composition que pendant 10 secondes au plus, et la laver ensuite dans de l'eau distillée.

« Après cette opération, on laisse sécher les plaques dans la plus grande obscurité, pour opérer ensuite par la voie sèche ; mais, comme les plaques s'impressionnent facilement, il faut, autant que possible, les conserver simplement albuminées.

« Il est utile, en exposant dans la chambre obscure, de placer une planchette avec un fond blanc derrière la plaque de verre, et, pour faire paraître l'image, il est nécessaire aussi de faire chauffer un peu l'acide gallique, afin d'en activer l'action, sans cependant trop presser cette opération ; car il arrive souvent que les plus belles épreuves négatives sont celles qui sont restées plusieurs heures sous l'influence de l'acide gallique, et sur lesquelles on croyait qu'il n'y avait pas d'image.

« On fixe les épreuves négatives, soit avec du bromure de potassium, soit avec de l'hyposulfite de soude, et, afin d'empêcher le cliché de s'écailler (ce qui arrive avec une couche d'albumine trop épaisse ou avec de l'albumine de vieux œufs), on l'enduit d'une légère couche de gélatine, ou d'un vernis à tableau, ce qui lui donne encore plus de solidité.

« De toutes les substances accélératrices que j'ai employées, je n'en ai pas trouvé de meilleure que le miel (celui de Narbonne m'a paru préférable), parce qu'il donne plus d'accélération sans avoir les inconvénients de toutes les autres substances, telles que les fluorures, par exemple, dans lesquels j'ai reconnu depuis longtemps une propriété accélératrice ; mais leur action corrosive (qui se manifeste par un très fort fendillement dans la dessiccation de l'albumine) m'y avait fait renoncer pour l'albumine. Cependant on peut les employer sans inconvénient en les mélangeant avec du miel, entre autres le fluorure d'ammoniaque ; et si l'on se sert avec cela d'albumine de vieux œufs, on aura par la réunion de ces moyens une plus grande accélération. Mais je préviens que la vieille albumine est sujette à s'écailler plus que la fraîche ; il faut, pour éviter cet inconvénient, laisser sécher complètement le cliché avant de l'exposer au soleil pour tirer l'épreuve positive, et, pour plus de sûreté, le couvrir d'un vernis.

« Le mélange du miel à l'albumine donne à l'épreuve négative une très grande douceur dans les traits, ce qui prévient par conséquent la dureté que l'on reproche à ce procédé. On aura donc, par ce moyen, des demi-teintes et des tons parfaitement fondus, et l'on obtiendra par la dessiccation de ce mélange, une couche parfaitement homogène, très lisse, ne se fendillant plus, lors même qu'on l'expose à la chaleur, et donnant l'image d'un objet éclairé par la lumière diffuse dans l'espace de 2 à 3 secondes au plus pour un paysage, et de 5 à 8 pour un portrait, en opérant avec un objectif double (français) pour quart de plaque ; pour la grande plaque normale, il faut de 40 à 50 secondes, et de 25 à 30 avec un objectif allemand.

« Tels sont les résultats obtenus par MM. le comte Vigier et Mestral, qui ont fait les épreuves que j'ai l'honneur de présenter.

« On peut encore opérer plus promptement si l'on réunit tous les moyens naturels d'accélération que l'expérience m'a fait connaître.

« 1° Plus la couche d'albumine est épaisse, plus il y a d'accélération ;

« 2° Plus les œufs sont vieux, plus il y a d'accélération ;

« 3° Plus la composition d'acéto-nitrate a servi, plus il y a d'accélération.

« Enfin, il existe aussi une très grande différence dans les diverses natures de l'albumine, qui varie, d'après moi, selon la nourriture de la poule. Je dirai que l'albumine d'œuf de canne se fendille moins que celle d'œuf de poule. Quant à l'albumine du sang, elle est très accélératrice, mais on ne peut pas l'employer seule, parce qu'elle ne se coagule pas assez avec l'acéto-nitrate pour adhérer au verre ; il faudrait préalablement la coaguler avec l'acide azotique.

« Du lavage de la plaque dépend aussi une partie de l'accélération ; car, si on ne lave pas assez, il se forme une couche couleur de rouille lorsqu'on verse l'acide gallique ; si on lave trop, on enlève une grande partie de l'accélération.

« J'ai consigné également, dans le paquet que j'ai déposé,

les moyens de glacer le papier avec de l'albumine, ainsi que la manière de préparer un papier négatif pour opérer par voie sèche. Mais divers procédés analogues ayant été publiés par différentes personnes, je n'en parlerai que pour constater ma *priorité*, ainsi que l'on peut s'en assurer en ouvrant le paquet cacheté que j'ai déposé et qui renferme en outre quelques faits nouveaux, que je crois devoir publier, comme pouvant offrir quelque intérêt, et que je vais rapporter ici.

« J'ai constaté que, si l'on chauffait l'albumine au bain-marie à une température de 45 degrés, pendant 5 à 6 heures, on obtenait une très grande accélération comparativement avec celle qui n'a pas été chauffée. Ce fait paraît avoir beaucoup d'analogie avec les modifications obtenues par M. Chevreul dans l'huile de lin. »

Il est à remarquer que la maturation, qui donne au gélatino-bromure sa très grande sensibilité, s'obtient aussi par la chaleur.

« Je parlerai aussi de quelques faits qui m'ont paru assez curieux pour être mentionnés. Si l'on mêle une solution d'azotate d'argent avec une solution de sel marin ou avec de l'hydrochlorate d'ammoniaque, il se produit du chlorure d'argent. Ce précipité, resté dans la liqueur où il s'est formé, se colore par une exposition à la lumière ; si, alors, on l'expose à la chaleur, le chlorure redevient blanc.

« Tout le monde sait que l'alcool coagule l'albumine ; eh bien, si l'on met de l'iode dans le même alcool pour en former une teinture d'iode, elle ne se coagule plus.

« Si l'on met du brome dans l'albumine, le brome se trouve tout de suite enveloppé par l'albumine sans qu'elle se coagule, et il n'y a plus d'exhalations de vapeurs de brome.

« J'ai l'honneur de mettre sous les yeux de l'Académie quelques épreuves de paysages faites par M. Martens d'après mon procédé. »

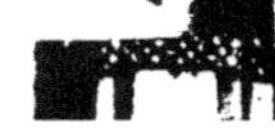

III

MÉMOIRES DE NIEPCE DE SAINT-VICTOR AU SUJET DE LA GRAVURE PAR LE BITUME DE JUDÉE.

Il eût été fort étonnant qu'un parent de Nicéphore Niepce, adonné à la photographie, ne poursuivît pas le perfectionnement du procédé de gravure au bitume de Judée : le progrès principal à accomplir consistait dans l'accroissement de la sensibilité à la lumière. Niepce de Saint-Victor n'y manqua pas. En collaboration avec M. Lemaître, graveur, qui avait aidé Nicéphore de ses conseils et de ses encouragements (voir Niepce), il apporta au procédé primitif de notables améliorations. Celles-ci sont exposées dans plusieurs mémoires adressés à l'Académie.

Le premier, en date du 23 mai 1853, est relatif à la gravure héliographique *sur acier*. M. Lemaître donne d'abord un léger grain à la plaque d'acier, au moyen d'acide chlorhydrique, pour faire adhérer le *bitume dissous dans l'essence de lavande*. Niepce de Saint-Victor applique le cliché photographique et expose à la lumière, ce qui ne demande qu'un quart d'heure au soleil et une heure à la lumière diffuse. Puis il dissout dans un mélange d'huile de naphte et de benzine les parties impressionnées, et il lave. M. Lemaître fait alors agir l'acide nitrique étendu d'eau et d'alcool, lave et fait sécher. Il produit un nuage de résine qui tombe en poudre fine sur la plaque ; celle-ci est chauffée, la résine fond et forme un réseau qui consolide le vernis. On a ainsi dans les noirs un grain fin qui retient l'encre d'imprimerie, après que le vernis et la résine ont été enlevés à l'aide de corps gras chauffés et d'essences.

Le 30 octobre 1853, il communique la description d'un nouveau vernis, formé de 100 grammes de benzine, 5 de bitume, 1 de cire jaune, qu'il rend plus sensible en versant sur la plaque de l'éther sulfurique anhydre, avec quelques gouttes d'essence de lavande rectifiée. Il parvient ainsi à réduire la pose dans la chambre noire à moins d'un quart d'heure ; quelques minutes suffisent pour les reproductions par contact, au soleil. Suivent des indications pratiques, parmi lesquelles l'observation d'une diminution de sensibilité donnée au vernis par la benzine, mais cette dernière a sur l'essence de lavande l'avantage de s'évaporer beaucoup plus vite et de fournir une couche plus homogène.

Un nouveau mémoire, présenté le 2 octobre 1854, renferme une étude complète et importante sur la sensibilité du bitume de Judée et des essences susceptibles d'être employées à le dissoudre.

« Quoique je n'aie pas encore atteint le but que j'espérais au point de vue de la sensibilité du vernis, je vais cependant livrer à la publicité le résultat de mes recherches, dans l'espoir qu'elles seront utiles aux opérateurs.

« J'ai observé que le bitume de Judée était le corps le plus sensible à l'air et à la lumière, mais que cette *sensibilité* était excessivement variable.

« La pureté du bitume, son exposition à l'air et à la lumière, plus ou moins prolongée, et dans un état de division plus ou moins grand, sont autant de causes de variations dans la rapidité avec laquelle l'air et la lumière l'influencent.

« Pour s'assurer de ce fait, on n'a qu'à exposer du bitume de Judée (pulvérisé et en couches minces) à l'air et aux rayons solaires, pendant plusieurs jours, on verra alors que ce même bitume étant dissous et à l'état de vernis héliographique aura acquis une *sensibilité* beaucoup plus grande que celle qu'il avait avant son exposition à l'air et à la lumière.

« Une autre expérience que j'ai faite et qui est encore plus frappante est celle-ci.

« Si, après avoir fait dissoudre du bitume de Judée pour en former un vernis héliographique, on expose le vernis à l'air et au soleil pendant environ trois ou quatre heures, il acquerra une sensibilité double et triple de celle qu'il avait auparavant, et, si on prolonge cette exposition de quelques heures, on augmentera encore la sensibilité ; mais il arrive un moment où il faut soustraire le vernis à ces deux agents ; sans cela, il ne serait plus susceptible d'être employé : c'est ce qui a lieu après qu'il a subi une exposition de dix à douze heures. On observe alors qu'étendu sur la plaque, il ne reproduit plus une image nette du modèle, car l'image qui se manifeste par l'action du dissolvant est imparfaite, elle est comme voilée, ce qui, du reste et dans de certaines limites, n'est pas un obstacle à l'action de l'eau-forte, et je dirai qu'il est préférable d'obtenir des épreuves de ce genre dans la chambre obscure, pourvu toutefois qu'elles ne soient pas trop voilées.

« Des résines (le galipot par exemple) et des essences, telles que celles d'amandes amères, de térébenthine, de citron et autres, exposées à l'air et à la lumière, acquièrent aussi de la sensibilité.

« La benzine, qui se colore fortement sous l'influence de l'air et de la lumière, tandis que l'essence de citron se décolore, acquière également de la sensibilité ; mais une trop longue exposition finit par rendre tous ces corps complètement inertes.

« Quant au dissolvant du bitume de Judée pour en former un vernis héliographique, je n'ai rien trouvé de préférable à la benzine, seulement il est nécessaire d'y ajouter un dixième d'essence pour rendre le vernis plus sensible à la lumière, et pour lui donner plus de liant et de viscosité, afin de remplacer la cire que je supprime. »

Ici, l'auteur passe en revue les différentes essences, et déclare qu'il préfère celle que l'on obtient par expression du zeste de citron. Il divise les essences en deux groupes, suivant qu'elles troublent les éthers ou la benzine, et en donne une longue liste.

« Il résulte de toutes ces observations que j'ai modifié mon vernis de la manière suivante : benzine, 90 grammes ; essence de zeste de citron pure, 10 grammes ; bitume de Judée pur, 2 grammes.

« Ce vernis, beaucoup plus fluide que celui dont j'ai publié déjà la préparation, a l'avantage de donner une couche plus mince, et, plus la couche est mince, plus il y a d'accélération dans l'effet produit par la lumière, plus il y a de pureté dans les traits, et plus il y a de demi-teintes ; si toutefois l'exposition à la lumière n'a pas été trop prolongée.

« Ce vernis n'a qu'un inconvénient, c'est celui de ne pas offrir quelquefois assez de résistance à l'action de l'eauforte ; mais, au moyen des fumigations dont je vais parler, on peut consolider la couche de vernis la plus mince. On procède à cette fumigation après que la plaque a subi l'action de la lumière et celle du dissolvant. »

Cette opération consistait à exposer la plaque à des vapeurs de certaines essences. L'auteur en décrit ici le détail, et termine en montrant à l'Académie un portrait de l'empereur Napoléon III, et une épreuve d'une vue du Louvre, cette dernière sans aucune retouche.

Mais ces fumigations étaient d'un emploi difficile. Dans une note du 12 mars 1855, elles font place à un lavage de la plaque par l'eau iodée. Enfin l'Académie reçoit, le 8 octobre 1855, communication du procédé adopté définitivement pour obtenir des épreuves sur acier directement dans la chambre noire. C'est la conclusion de toute cette série de recherches sur le bitume de Judée; celui-ci est dissous dans la benzine, avec un dixième d'essence de citron, et abandonné dans un flacon pendant quelques heures à l'action de l'air et de la lumière. La durée de pose dans la chambre noire est d'une demi-heure à trois heures pour les objets au soleil, et de deux à six heures avec la lumière diffuse. La morsure est faite par l'acide nitrique, et le grain est produit par l'eau iodée.

Ainsi, il y avait réduction très notable de la durée de pose par rapport au procédé de Nicéphore Niepce, mais cette durée était encore beaucoup trop longue pour donner des résultats pratiques dans la chambre noire. L'utilisation du bitume de Judée en vue de la photogravure devait être restreinte à la seule reproduction par contact, d'après des clichés obtenus à la chambre noire au moyen des procédés, autrement sensibles, des sels d'argent sur papier ou sur verre. C'est dans ce sens que peut être appliqué ce beau travail, qui fournit aux opérateurs de précieux renseignements. On y trouve aussi un exemple bien caractérisé de recherches guidées par une méthode véritablement scientifique.

Niepce de Saint-Victor comprit qu'il ne pouvait aller plus loin avec le bitume de Judée, et tourna alors son activité d'un autre côté.

IV

MÉMOIRES DE NIEPCE DE SAINT-VICTOR AU SUJET DES ACTIONS DE LA LUMIÈRE.

« Un corps, après avoir été frappé par la lumière ou soumis à l'insolation, conserve-t-il dans l'obscurité quelque impression de cette lumière?

« Tel est le problème que j'ai cherché à résoudre par la photographie. »

C'est ainsi que débute un mémoire présenté à l'Académie le 15 novembre 1857, le premier d'une série qui doit se développer pendant dix ans, et qui renferme une quantité énorme de recherches.

Un grand nombre de celles-ci se rapportent exclusivement à la question d'emmagasinement de la lumière, en dehors des phénomènes de phosphorescence et de fluorescence déjà étudiés par Ed. Becquerel, et prennent aujourd'hui un grand intérêt par leur relation avec les expériences récentes sur les radiations invisibles et sur la photographie au travers des corps opaques. Comme ce sujet ne fait pas partie de la fondation des procédés photographiques, nous passerons rapidement sur les recherches qui y sont relatives et qui font d'ailleurs l'objet d'une étude spéciale dans un autre ouvrage (1).

Mais on trouve là, en outre, beaucoup d'essais d'un grand intérêt au point de vue de l'action de la lumière sur les sels d'argent, d'or, de fer, d'uranium, etc., ainsi que des renseignements utiles pour l'explication théorique des effets produits, l'indication de nombreuses réactions effectuées par la lumière sur des substances moins coûteuses que les sels d'argent. C'est l'origine des papiers sensibles employés pour les reproductions industrielles.

Le mémoire précité du 15 novembre 1857 ne contient que des

---

(1) *La plaque photographique*, par R. Colson (Carré et Naud, éditeurs, 1897).

essais sur l'emmagasinement de la lumière ; un papier photographique ordinaire au chlorure et à l'azotate d'argent est impressionné
par les blancs d'une gravure qui a été préalablement soumise au
soleil, ainsi que par différents objets blancs, par un tube de métal où
a séjourné du papier insolé, etc.

Dans un second mémoire, en date du 1er mars 1858, l'application
est étendue à une feuille de papier blanc qui a reçu l'impression de
la lumière au travers d'un cliché. Si le papier a été imprégné d'une
dissolution d'azotate d'urane ou d'acide tartrique, puis traité après
exposition par l'azotate d'argent ou le chlorure d'or, on obtient une
image vigoureuse. Voici ce qui a rapport à ce papier.

« La feuille de papier doit être imprégnée de sel d'urane
en assez grande quantité pour que sa teinte soit d'un jaune
paille sensible ; on la fait sécher et on la garde dans l'obscurité. Quand on veut expérimenter, on la recouvre d'un cliché ;
on l'expose au soleil pendant environ un quart d'heure, on
la rapporte dans l'obscurité ; on la traite par une solution
d'azotate d'argent, et l'on voit instantanément apparaître une
image positive très vigoureuse, avec la teinte marron des
épreuves ordinaires. Pour la fixer, il suffit de l'immerger
dans de l'eau pure, afin de dissoudre toute la portion du sel
d'urane qui, abritée par les noirs du cliché, n'a pas reçu
l'action de la lumière.

« Si, après avoir bien rincé l'épreuve à l'eau pure, on
veut la faire virer au noir, on n'aura qu'à la traiter par une
solution de chlorure d'or acide. Ou bien, pour obtenir le
même résultat, on n'aura qu'à passer l'épreuve, sortant de
l'exposition à la lumière, dans une solution de bichlorure
de mercure, et l'y laisser quelques minutes seulement, selon
le temps d'exposition à la lumière qui doit être trois fois
plus long que dans le premier cas ; la rincer à l'eau pure, et
la traiter ensuite par une solution d'azotate d'urane, dans
laquelle on la laisse jusqu'à ce que l'image soit entièrement
développée avec un beau noir d'ébène ; on la rince après à
l'eau pure pour la fixer.

« Si, après l'insolation de la feuille de papier imprégnée
de sel d'urane, on substitue à la solution révélatrice d'azotate d'argent une solution de chlorure d'or acide, on verra
l'image apparaître instantanément en bleu très intense ; on
la fixera également par un lavage à l'eau pure.

« On peut aussi obtenir des épreuves négatives pour servir de clichés, en plaçant dans la chambre obscure une feuille de papier imprégnée d'azotate d'urane. Ce procédé étant très lent, dans l'état actuel des choses, ne pourra servir qu'à prendre des vues de monuments, mais il est des plus simples et des plus faciles... »

Il est certain que la préparation et l'emploi de ce papier à l'azotate d'urane présentent une grande simplicité : aussi a-t-il eu une certaine vogue à son apparition. Mais il a l'inconvénient de ne pas donner des images très stables, ainsi qu'il a été bientôt démontré. On peut cependant en tirer parti dans certains cas.

La lumière a ici pour effet de réduire l'azotate d'urane en présence de l'hydrogène de la matière organique ; le sel, désoxydé, est capable de se réoxyder ensuite aux dépens de l'azotate d'argent, d'où dépôt d'argent.

Le mémoire expose ensuite les expériences faites en impressionnant le papier photographique au moyen d'un papier préalablement imprégné de sel d'urane ou d'acide tartrique et insolé : l'effet est énergique, mais une action chimique intervient.

Ce sujet est continué dans un autre mémoire, en date du 20 décembre 1858, par l'insolation d'un papier amidonné.

Un mémoire important est celui qui a été communiqué à l'Académie le 29 novembre 1858, car il montre l'influence de la matière organique sur les réactions photographiques, et fournit d'intéressants documents au sujet de l'action de la lumière.

« Dans les deux premiers mémoires que j'ai publiés sur ce sujet, on a vu que la lumière donnait à certains corps la propriété de réduire les sels d'or et d'argent, et que cette propriété persistait chez ces corps gardés dans l'obscurité pendant un temps plus ou moins long, dépendant de la nature du corps insolé et des conditions dans lesquelles on le place après l'insolation. Les effets dont je vais avoir l'honneur d'entretenir l'Académie se rattachent à ceux dont j'ai parlé précédemment dans deux mémoires lus les 16 novembre 1857 et 1ᵉʳ mars 1858.

« Pour mettre en évidence sur les corps poreux organiques ou inorganiques l'action de la lumière dont je veux parler, il suffit, après l'insolation, de les placer en présence d'une feuille de papier sensible préparée au chlorure d'argent, ou de verser dessus une solution d'azotate d'argent.

« Mais, pour que la lumière agisse sur les substances organiques ou inorganiques, il faut qu'elles soient très divisées, et, pour que l'action de la lumière sur une substance inorganique soit rendue visible après son exercice par une coloration ou une réduction des sels métalliques, tels, par exemple, que les sels d'or et d'argent, il faut, comme on le sait déjà, et comme je vais le montrer de nouveau, la présence d'une matière organique, à moins que le sel ne soit un chlorure, un iodure, ou un bromure d'argent.

« Ainsi, par exemple, la division de la matière suffit pour que l'action de la lumière ait lieu sur l'azotate d'argent et sur l'azotate d'urane, mais elle ne suffit pas pour colorer ou réduire l'azotate d'argent, et pour que l'azotate d'urane réduise les sels d'or et d'argent. Je le prouve par les expériences que j'ai faites et les résultats que j'ai obtenus.

« J'ai d'abord constaté que les cristaux d'azotate d'argent fondus étaient insensibles à la lumière s'ils étaient bien cristallisés et exempts de toute matière organique ; il en est de même des cristaux d'azotate d'urane et des acides organiques cristallisés.

« Voici les expériences que j'ai faites sur la division de la matière :

« J'ai versé sur la tranche d'une assiette de porcelaine tendre (ou opaque) fraîchement cassée une solution d'azotate d'argent qui avait été fondu ; je l'ai ensuite exposée au soleil, en ayant eu le soin d'en masquer une partie d'un écran, et de préserver l'autre de toute matière organique. Après une insolation d'une heure environ, je n'ai pu constater la moindre coloration dans la partie insolée ; mais l'action de la lumière avait eu lieu, car, lorsque j'ai versé sur la tranche de l'assiette une solution de chlorure de sodium, j'ai vu, après quelque temps, dans l'obscurité, le chlorure d'argent noircir dans la partie de la tranche de l'assiette qui avait été frappée par la lumière. Cette même partie noircit très rapidement si l'on expose le tout à la lumière diffuse.

« Les résultats sont les mêmes si l'on insole la tranche de l'assiette imprégnée de chlorure de sodium, et que l'on verse ensuite dessus de l'azotate d'argent.

« En répétant ces expériences sur la porcelaine dure et vitrifiée, les mêmes effets se sont produits, seulement plus faiblement, parce que c'est comme si l'on opérait sur du verre dépoli.

« Si l'on imprègne la tranche d'une assiette de porcelaine opaque (fraîchement cassée) d'une solution d'azotate d'urane, on aura beau l'insoler plus longtemps, s'il n'y a pas trace de matière organique le sel d'urane ne réduira pas les sels d'or et d'argent, comme il le fait lorsqu'il est insolé en présence d'une matière organique ; mais l'action de la lumière a eu lieu, car si l'on verse sur la tranche de l'azotate d'argent contenant un peu d'amidon ou de gomme, et que l'on passe ensuite une solution de sulfate de fer ou d'acide gallique, on voit apparaître une coloration dans la partie insolée : il en est de même si l'on a insolé de l'azotate d'argent.

« Pour expérimenter une substance soluble, on en imprègne une feuille de papier, on la laisse sécher dans l'obscurité, on l'expose ensuite à la lumière en ayant soin de masquer une partie par un écran opaque, ou de recouvrir toute la surface d'un cliché photographique. Après l'insolation, on la met en présence d'une substance qui soit un réactif pour la substance soluble insolée, et l'on développe alors une image photographique ; ce qui me fait dire aujourd'hui que l'on peut faire de la photographie avec la première substance venue, ou rendre visible l'action de la lumière sur toute substance organique ou inorganique, pourvu que l'on prenne pour agent révélateur une substance capable d'entrer en combinaison avec la substance insolée.

« Les principaux réactifs à employer pour démontrer l'action de la lumière sont les sels d'or et d'argent, les teintures de tournesol et de curcuma, l'iodure de potassium pour le papier du commerce collé à l'amidon.

« Pour beaucoup de substances frappées par la lumière, l'activité communiquée se manifeste en outre par une insolubilité remarquable ; on peut les laver à grande eau sans qu'elles se dissolvent ; l'humidité, surtout combinée à la chaleur, leur fait perdre assez promptement l'activité acquise par l'insolation, et elles redeviennent solubles.

« C'est par cette même raison que l'humidité et la chaleur accélèrent étonnamment la réduction des métaux sous l'influence de la lumière.

« Dans un très grand nombre de cas, on peut renverser les opérations et obtenir le même résultat ; c'est ce que je vais démontrer en citant quelques-unes de mes expériences.

« Une feuille de papier imprégnée d'une solution de chlorure d'or, recouverte d'un cliché photographique et insolée, produit une image quand on la passe dans une solution d'azotate d'urane, de sulfate de fer, de sulfate de cuivre, de bichlorure de mercure, ou de sels d'étain.

« Or, si l'on opère d'une manière inverse, c'est-à-dire qu'on imprègne le papier préalablement d'un des sels précités, et qu'on le passe ensuite dans une solution de chlorure d'or, le résultat sera le même. Une feuille de papier imprégnée d'une solution assez concentrée d'azotate d'urane, insolée sous un cliché photographique, passée ensuite dans une solution de prussiate rouge de potasse, donne une belle image rouge de sanguine, que l'on fixe en la bien lavant à l'eau pure. La lumière n'a pas d'action sensible sur elle ; mais la chaleur ou la déshydratation la font passer au brun marron. Elle reprend sa couleur rouge par le refroidissement ou l'hydratation. Si on la passe dans une solution de sel de cuivre (de chlorure surtout) sans la laver et qu'on l'expose ensuite à la chaleur, elle prend différentes nuances, suivant que la chaleur est plus ou moins intense. L'image primitive réduit encore les sels d'or et d'argent ; et, si l'on passe l'épreuve rouge dans une solution de bichlorure de mercure, on obtient par la chaleur une image presque semblable de couleur à celle obtenue avec l'azotate d'argent et qui persiste après le refroidissement. L'image rouge traitée par le sulfate de fer donne une image bleue. Une feuille de papier imprégnée de prussiate rouge et insolée donnera de même une image bleue, si on la passe dans une eau acidulée ou dans une solution de bichlorure de mercure ; cette image, formée de bleu de Prusse, est grandement avivée par l'action de la chaleur, par les vapeurs d'acide chlorhydrique et azotique, et par une solution d'acide oxalique, etc.

« Sur une feuille de papier imprégnée de prussiate de potasse rouge, on peut développer des images de diverses couleurs, soit successivement, soit simultanément, en employant des réactifs convenables, les sels d'argent, de cobalt, et autres.

« Une feuille de papier imprégnée d'acide gallique et insolée, traitée par l'iodure de potassium, donne une image latente ou faible qui deviendra très vigoureuse si on la passe ensuite à l'azotate d'argent. C'est l'inverse de ce que l'on fait dans les opérations photographiques ordinaires.

« Une feuille de papier imprégnée de sulfate de fer et insolée, traitée ensuite par l'iodure de potassium et l'azotate d'argent, donne un résultat analogue ; imprégnée d'acide gallique, insolée, et traitée par le protosulfate de fer, la feuille de papier donnera une image d'un noir bleuâtre ; elle en donnera une formée de bleu de Prusse si on la traite par le prussiate de potasse rouge. Les résultats seront les mêmes si on renverse les opérations.

« Une feuille de papier imprégnée de bichlorure de mercure et insolée donne une image avec le protochlorure d'étain, la soude, la potasse, et le sulfure de sodium.

« Une feuille de papier imprégnée de protochlorure d'étain et insolée donne une image avec le sulfate de sodium, le bichlorure de mercure, le chlorure d'or et l'azotate d'argent.

« Une feuille de papier imprégnée d'acide chromique ou de chromate de potasse rouge, et insolée sous un cliché, donne avec l'azotate d'argent une image d'un rouge pourpre, formée de chromate d'argent ; mais ce sont les parties préservées de l'action de la lumière qui produisent l'image, c'est-à-dire que le chromate d'argent ne se forme pas avec le chromate de potasse frappé par la lumière.

« Beaucoup d'autres sels métalliques sont également sensibles à la lumière. »

L'intérêt de ces réactions n'est pas seulement théorique ; il s'étend aussi à la pratique par les indications qu'elles suggèrent pour les tirages industriels et pour certaines applications.

Dans une note en date du 21 novembre 1859, l'étude de l'insolation est étendue aux liquides ; une dissolution d'azotate d'urane, insolée en présence de matières organiques, se trouble et réduit ensuite le chlorure d'or et l'azotate d'argent.

L'ensemble des expériences relatives à ces différentes actions de la lumière, surtout en ce qui touche à son emmagasinement, était si peu attendu, si extraordinaire pour l'époque, qu'il ne manqua pas de soulever de nombreuses objections : on attribua en particulier à des actions purement calorifiques et chimiques la partie principale du phénomène.

Niepce de Saint-Victor chercha à faire la part de ces actions spéciales dans deux mémoires en date du 11 avril 1859 et du 1er juillet 1861 : voici ses conclusions :

« Il résulte de l'ensemble de mes expériences que cette *activité* persistante donnée par la lumière à tous les corps poreux, même les plus inertes, ne peut même pas être de la phosphorescence, car elle ne dureiait pas si longtemps d'après les expériences de M. Edmond Becquerel. Il est donc probable que c'est un rayonnement invisible à nos yeux, comme le croit M. Léon Foucault, rayonnement qui ne traverse pas le verre. »

Une dernière note, en date du 16 septembre 1867, termine la série en montrant que ce sont les rayons bleus et violets qui sont les plus actifs dans l'insolation du papier.

Ces recherches devaient entrer dans l'oubli, jusqu'à ce que la découverte du Prof Röntgen leur donnât un regain d'actualité en attirant l'attention sur les radiations invisibles.

POITEVIN

I

NOTICE SUR POITEVIN.

Originaire de Conflans (Sarthe), où il est né en 1819, Poitevin se rendit à Paris en 1839 pour y suivre les cours de l'École centrale des Arts et Manufactures. C'était le moment où la découverte de Daguerre, divulguée par Arago, excitait l'enthousiasme général. Poitevin eut occasion de lire le rapport de l'illustre physicien à l'Académie et devint aussitôt un des plus fervents adeptes de Daguerre. Poussé dans cette voie par un tempérament de chercheur et un goût inné pour la chimie industrielle, il nous raconte lui-même ses débuts dans cette carrière qui devait bientôt le saisir tout entier.

« Je me mis à l'œuvre (1) comme tant d'autres, et, depuis cette époque, je n'ai pas cessé, soit d'imagination, soit manuellement, de m'occuper du nouvel art. La perfection à laquelle les photographes de métier ou les amateurs peuvent arriver m'occupa très peu ; le point de vue scientifique, seul, me préoccupait, et immédiatement je me livrai aux expériences et aux explorations chimiques, en un mot à la recherche de tous les moyens possibles d'application, les plus généraux et les plus pratiques... Pendant mes études spéciales d'élève à l'École Centrale, je pouvais bien diffici-

---

(1) *Traité des impressions photographiques*, par Poitevin, avec appendices par M. Léon Vidal (Gauthier-Villars, 1883).

lement me livrer à mon goût favori, la photographie ; cependant, passionné comme je l'étais pour cette admirable découverte, je dus y persister, car ma vocation était là ; mais malheureusement elle fut toujours pour moi trop peu fructueuse pour l'embrasser exclusivement... »

Il commença en 1842 à chercher un procédé pour obtenir des moulages d'après des épreuves daguerriennes, et parvint, concurremment avec ses travaux d'ingénieur chimiste, à une méthode galvanoplastique (voir II) qu'il présenta à l'Académie en 1848. Il en fut récompensé, cette année même, par une médaille d'argent de la Société d'encouragement. Poursuivant cette recherche, d'idée en idée il arriva à constituer, toujours en partant d'un daguerréotype, des clichés sous forme de feuilles transparentes de gélatine avec opacités en cuivre.

L'étude de la gélatine le conduit en 1850-51 aux plaques de gélatine sur verre, rendues sensibles par les sels d'argent ; et la substitution de cette substance à l'albumine, employée à ce moment, l'oblige à adopter une sensibilisation différente de l'acéto-nitrate dont on se servait jusque-là à la suite de Talbot. Ce procédé (voir III) était le prélude du gélatinobromure.

En 1854, il reprend l'étude, commencée par Talbot, des effets de la lumière sur les matières organiques mélangées au bichromate de potasse (voir IV). Après avoir d'abord cherché à utiliser la perméabilité des parties non insolées de la gélatine bichromatée pour y opérer des dépôts galvanoplastiques de cuivre, ainsi que les creux et reliefs de la surface pour le moulage, il trouve en 1855 un procédé de photolithographie au moyen de l'albumine bichromatée. Il quitte alors son emploi d'ingénieur des anciennes salines nationales de l'Est pour s'adonner exclusivement à l'exploitation de son brevet ; avec ses seules ressources, il monte deux presses et prend quelques ouvriers.

La possibilité de recourir au charbon pour former les ombres des reproductions photographiques, et pour multiplier les épreuves positives par impression mécanique, faisait naître à ce moment de sérieuses espérances en vue d'une conservation et d'un bon marché que les papiers sensibles alors en usage étaient loin de présenter. Cette situation suscita un généreux donateur, le duc de Luynes, membre de l'Institut, qui mit à la disposition de la Société française de Photographie un prix de 8,000 francs, destiné à récompenser le meilleur procédé d'impression photographique par les encres grasses. Ce prix devait être accordé, en 1867, à Poitevin. « En effet, conclut le rapporteur M. Davanne, par son procédé d'impression à l'encre grasse, qui est la lithographie, il produit facilement, sans retouches, de manière à laisser toute garantie d'authenticité, une épreuve photographique quelconque et à tel nombre d'exemplaires qu'il peut être nécessaire pour mettre à la portée de chacun les documents utiles aux arts et aux sciences... »

Mais les espérances que Poitevin avait fondées en 1855 sur l'exploitation commerciale de la photolithographie ne s'étaient pas réalisées ; aussi avait-il cédé, en 1857, son procédé à M. Lemercier, et était-il rentré dans l'industrie.

En 1858, il se trouvait dans une fabrique de produits chimiques où l'on traitait l'acide urique pour le transformer en alloxane, alloxantine, et finalement en murexyde, corps employé en teinture. Il reconnut que l'alloxantine, substance avide d'oxygène, accélère l'action de la lumière sur le bichromate, le bichlorure de mercure, le perchlorure de fer, le ferri et le ferrocyanure de potassium, et il utilisa ces réactions, ainsi que d'autres dans lesquelles entrent l'azotate d'urane, l'acide gallique, etc., pour préparer des papiers (1) positifs ou négatifs, au gallate de fer et autres, donnant à la lumière des images bleues, noires, etc. Ces papiers servent aujourd'hui, avec des variantes, pour les reproductions industrielles.

Les essais sur le perchlorure de fer et l'acide tartrique le mènent en 1860-61 à son procédé au charbon sur papier par saupoudrage ; les parties impressionnées par la lumière deviennent hygroscopiques et retiennent les poudres qu'on passe à leur surface (voir V).

Dans le cours de 1862, Poitevin est nommé chevalier de la Légion d'honneur, à la suite de l'exposition de Londres,

---

(1) *Bulletin de la Société française de Photographie*, juin 1859 et juin 1860.

et obtient un autre prix de Luynes de 2,000 francs, spécial aux papiers au charbon.

Afin d'éviter le transfert, d'un support sur un autre, des couches sensibles à la gélatine bichromatée, nécessité qui s'imposait pour la conservation des demi-teintes, Poitevin invente en 1863 un procédé inverse, c'est-à-dire dans lequel la substance, d'abord insoluble, redevient soluble sous l'action de la lumière. Ce résultat est obtenu en mélangeant à la gélatine teintée le perchlorure de fer et l'acide tartrique (voir VI). De là résultera, en 1878, une méthode simple pour obtenir des épreuves sur papier à l'encre grasse (voir VI).

En 1863, Poitevin, revenant pour un instant au cliché négatif, entreprend une série d'expériences qui montrent que, dans les plaques au collodion sec du major Russell, le tanin joue le rôle d'un sensibilisateur (1). Il cherche ensuite (2) à expliquer par un dégagement d'iode pendant l'insolation la sensibilité donnée à l'iodure d'argent par les corps qui ont la propriété de se combiner à l'iode.

Les travaux sur les propriétés et applications des substances bichromatées valurent à Poitevin le prix Trémont, que l'Académie lui décerna à la fin de 1864, avec jouissance pendant deux ans, « pour ses découvertes photographiques, et afin de l'aider à continuer des recherches qui ont été un vrai progrès pour la Science et l'Industrie ».

En 1866, il aborde un nouveau genre d'essais dans la photographie en couleurs sur papier (voir VII) ; il arrive à reproduire les couleurs sur le papier au sous-chlorure d'argent violet, mais il ne peut leur donner qu'un degré insuffisant d'insensibilisation.

Enfin, il recommande en 1879 (3) un papier au peroxyde de fer, rendu sensible à la lumière par l'acide tartrique ou par l'acide citrique, et ayant « la propriété de réduire la dissolution d'azotate d'argent et celle de chlorure d'or, ou de bleuir avec la dissolution du cyanoferride de potassium,

---

(1) *Bulletin de la Société française de Photographie*, novembre 1863.
(2) *Ibid.*, août 1866.
(3) *Bulletin de la Société française de Photographie*, novembre 1879.

partout où la lumière a réduit le sesquioxyde de fer en oxyde de fer au minimum ». Malgré tous les avantages que Poitevin prête à ce papier, qui se fixe par un simple lavage, il n'est pas entré dans la pratique.

La série des récompenses fut couronnée le 23 juillet 1880 par le grand prix de 12,000 francs du marquis d'Argenteuil, décerné par la Société d'encouragement. M. Davanne, rapporteur, termine son exposé par ces expressives paroles :

« ...Nous ne savons que trop que celui qui se livre à son génie d'inventeur oublie souvent les nécessités de l'existence, et, s'il récolte la gloire, presque toujours les fruits les plus positifs de sa découverte sont recueillis par ceux qui ont su les cultiver.

« Cette amertume n'a pas manqué à M. Poitevin ; il a vu glisser de ses mains les profits d'inventions trop tôt venues, dont les applications, mûres aujourd'hui, sont fructueusement exploitées, alors que ses brevets sont depuis longtemps expirés.

« Aussi n'est-ce pas à une invention, ni à un inventeur, que vous décernez aujourd'hui le grand prix du marquis d'Argenteuil, c'est au savant créateur d'un ensemble de méthodes qui se sont épanouies en une foule d'applications diverses, qui, par la Lithographie, la Gravure, la Typographie, la Photographie inaltérable, facilitent, pour le profit de tous, la vulgarisation des sciences et des arts... »

Poitevin était revenu à son pays natal ; c'est là qu'il est décédé le 4 mars 1882, laissant à la postérité le magnifique héritage défini dans les lignes précédentes.

II

MÉMOIRES DE POITEVIN AU SUJET DU MOULAGE DES
PLAQUES DAGUERRIENNES.

« Dès 1842, me livrant (1) à des expériences de galvanoplastie, pour mouler en cuivre les images de Daguerre sur
plaqué d'argent, j'observai que la plaque daguerrienne, sortant de la boîte à mercure, c'est-à-dire non lavée à l'hyposulfite, et portant à sa surface une image dont les blancs
sont formés par l'amalgame d'argent, et les noirs par l'iodure
du même métal non modifié par la lumière, possédait la propriété de ne se recouvrir de cuivre que sur les blancs seulement, c'est-à-dire sur l'amalgame, sans qu'il s'en déposât
sur les noirs formés par l'iodure d'argent, lorsqu'on plon-
geait cette plaque dans un bain galvanoplastique de sulfate
de cuivre en la mettant en communication avec le pôle négatif, et en regard d'une plaque de cuivre de même grandeur
en contact du pôle positif, et que ce dépôt se faisait avec une
très grande perfection. Ce fut là ma première découverte
en héliographie, et pour laquelle je fis de nombreux essais,
qui tous me réussirent ; mais, forcé de suspendre ces dis-
tractions (car, à cette époque, ce n'était pour moi rien autre
chose), et de me livrer à ma carrière d'ingénieur, ce ne fut
que vers la fin de 1847 que je pus y revenir et en faire l'objet
d'études plus sérieuses.

« Je cherchai alors un procédé de gravure chimique, et
naturellement l'idée me revint d'essayer de nouveau mes
observations de 1842.

« Je les appliquai d'abord pour les gravures par les acides

---

(1) Traité de Poitevin.

sur plaque d'argent ou plaqué d'argent, pour des reports des dessins iodés d'après la méthode de Niepce de Saint-Victor, puis aux images daguerriennes obtenues soit par contact et à travers le dessin à reproduire, soit à la chambre noire. »

Ce procédé a été présenté à l'Académie le 7 février 1848.

Dans le cas de la plaque daguerrienne, Poitevin la prend au moment où elle vient d'être développée et porte l'image au mercure sur fond d'iodure d'argent, et il opère sur ce mercure un dépôt de cuivre comme il a été indiqué plus haut. On enlève l'iodure par l'hyposulfite ; le cuivre, qui forme relief, correspond aux clairs de l'image originale. La plaque est chauffée, le cuivre s'oxyde ; puis on amalgame et on peut encrer : l'oxyde, seul, retient l'encre. Poitevin préfère appliquer une dorure qui prend seulement sur l'argent amalgamé et qui protège ensuite ces parties contre l'acide nitrique, de sorte que la morsure n'a lieu que sur l'oxyde de cuivre et sur le métal en dessous. On obtient ainsi une planche pour la gravure en relief, les creux étant formés par les clairs.

Si, au contraire, on part d'un cliché négatif, le résultat final est une planche en creux.

« A l'époque où je m'occupais de ces procédés de gravure, j'observai *deux autres propriétés* de ces surfaces recouvertes partiellement de cuivre galvanoplastique.

« L'une de ces propriétés, c'est que la plaque, au sortir du bain de sulfate de cuivre, puis lavée et gommée, essuyée ensuite pour enlever l'excès de liquide, peut être encrée avec un rouleau chargé d'encre grasse, et le corps gras n'adhérera qu'aux noirs du dessin, c'est-à-dire sur les parties où existe la pellicule d'iodure d'argent qui les a préservées du dépôt de cuivre, tandis que cette encre grasse est repoussée par les parties cuivrées qui retiennent la gomme.

« La seconde propriété, c'est, ainsi que je l'ai dit précédemment, que les plaques recouvertes du dépôt partiel de cuivre, oxydées et amalgamées aux endroits où l'argent est resté à nu, peuvent être encrées au tampon ou au rouleau chargé d'encre grasse ; dans ce cas, l'encre n'adhère qu'aux surfaces d'oxyde de cuivre, tandis que les parties amalgamées, où se trouve du mercure en excès, repoussent les corps gras.

« Ces deux propriétés, je les ai expérimentées plusieurs fois, et j'y ai vu l'indice de moyens nouveaux à employer pour faire des reports sur pierre, sur planches métalliques, et même d'impressions immédiates sur papier, à la presse mécanique, puisque l'on peut à volonté obtenir sur les plaques argentées soit des reports positifs, soit des reports négatifs, selon l'usage auquel on les destine. »

Ces procédés ont été repris par d'autres opérateurs, mais sont aujourd'hui remplacés par des méthodes moins coûteuses, qui ont pour base le bitume de Judée ou les substances organiques bichromatées que nous trouverons plus loin.

Un autre essai, dérivant encore de la même idée, est décrit dans une nouvelle communication à l'Académie en date du 13 juillet 1848. Reprenons la plaque d'argent qui porte le relief en cuivre et qui a été débarrassée de la couche d'iodure par l'hyposulfite. Sur cette plaque, Poitevin applique une feuille de gélatine humide ou ramollie, la laisse sécher, et la détache ensuite ; le dépôt de cuivre y reste adhérent et forme, sur la feuille transparente, des parties opaques qui correspondent aux clairs de l'image originale. C'est un cliché négatif, qui permet de tirer des épreuves positives sur papier en partant d'un daguerréotype.

« Je dirai aussi (1) que la parfaite transparence de ces clichés négatifs me suggéra l'idée de les photographier ou imprimer par projections à distance, c'est-à-dire d'en obtenir sur papier préparé, soit directement, soit par continuation, des impressions positives de dimensions plus grandes ou plus petites que le négatif ou cliché. Les négatifs que je fis ensuite sur verre gélatiné me permirent d'expérimenter plus en grand cette méthode d'agrandissement, alors toute nouvelle ou, du moins, très peu connue.

« Je tentai encore deux autres emplois de ces feuilles de gélatine.

« 1° Ce fut d'en obtenir des moules en soufre ou en plâtre, ce qui me conduisit plus tard à des applications plus importantes, la gravure photographique par moulage, que j'ai nommée Hélioplastie.

-----

(1) Traité de Poitevin.

« 2° Ce furent des tentatives d'encrage aux corps gras, qui me réussirent aussi et me conduisirent plus tard à la découverte du procédé de photolithographie, ou mieux d'impression à l'encre grasse sur une couche de gélatine ou sur un autre mucilage bichromaté, procédé si perfectionné et si employé aujourd'hui.

« A cette époque, je fus forcé d'ajourner mes expériences à cause des travaux que m'imposait mon emploi d'ingénieur des salines de l'est, et je ne pus m'y remettre que quelques années plus tard. »

Mais, de ces feuilles de gélatine avec opacités en cuivre, Poitevin devait bientôt passer à la gélatine sur verre et rendue sensible par les sels d'argent. On verra ci-après comment il expose lui-même cette évolution.

III

MÉMOIRES DE POITEVIN AU SUJET DE LA GÉLATINE SUR VERRE.

« Dès que j'eus connaissance (1) du procédé de photographie sur verre albuminé publié par M. Niepce de Saint-Victor, je l'expérimentai ; mais je reconnus bientôt les difficultés de manipulation qu'il présentait pour obtenir de bons résultats. Or, je l'ai déjà dit, mon but étant d'arriver à la découverte de moyens pratiques plutôt que de vaincre les difficultés de ceux déjà publiés, je pensai à l'emploi de la gélatine, que j'avais sous la main, et dont la manipulation m'était devenue familière.

« En substituant la gélatine à l'albumine, je reconnus aussitôt que le procédé de sensibilisation découvert par Talbot, et dont M. Niepce de Saint-Victor se servait pour l'albumine, ne pouvait être employé dans mon procédé à la gélatine, attendu que celle-ci était attaquée par le bain dit d'*acétonitrate* d'argent, à cause de la présence de l'acide acétique. Il me fallut donc chercher de nouveaux moyens de sensibilisation. Le premier qui me réussit fut bientôt abandonné, à cause du peu de sensibilité, à l'action lumineuse de la chambre noire, que possédait la couche de gélatine ainsi préparée. Il consistait à immerger la glace gélatinée dans un bain d'eau iodée, puis, après assèchement de la surface, dans une dissolution faible et non acidulée d'acétate ou de nitrate d'argent, et, après exposition à la chambre noire, à développer à l'acide gallique. J'obtenais ainsi, après une longue pose, des épreuves dans l'épaisseur de la couche de

---

(1) Traité de Poitevin.

gélatine ; elles offraient un relief très remarquable et tel que je n'en ai jamais rencontré depuis en employant d'autres procédés ; mais, je le répète, il fallait trop de pose, et d'ailleurs le développement était trop lent.

« Je revins à la méthode de Daguerre, que je modifiai suivant le nouveau subjectile employé. Cette marche me donna de tels résultats qu'au mois de mai 1850 M. Balard, membre de l'Institut, en fit à l'Académie des Sciences une communication accompagnée de clichés sur gélatine et d'épreuves à l'appui. »

D'après cette communication très détaillée, faite dans la séance du 27 mai, Poitevin coule la gélatine sur verre, et, dès qu'elle est prise en gelée consistante, la plonge dans une dissolution d'acétate d'argent, puis la soumet aux vapeurs d'iode : après une exposition à la lumière qui demande environ deux minutes pour un portrait, le développement se fait à l'acide gallique ou au sulfate de fer, et le fixage à l'hyposulfite.

Il cherche ensuite à abréger la préparation et à rendre les résultats plus sûrs : ces modifications font l'objet d'une note à l'Académie le 30 juin 1851. La plaque est alors plongée dans une dissolution d'iodure de potassium, puis sensibilisée dans un bain de nitrate d'argent, ce qui donne de l'iodure d'argent avec excès de nitrate, comme dans d'autres procédés négatifs sur papier ou sur plaque albuminée ou collodionnée.

« Depuis cette époque, je n'ai fait aucune autre communication relative à l'emploi de la gélatine pour l'obtention des images de la chambre noire, bien que je me sois toujours occupé de l'emploi de cette substance, éminemment utile en photographie, pour d'autres procédés que je décris plus loin. »

L'auteur indique ici d'autres modes de sensibilisation qui lui ont également donné de bons résultats, un entre autres qui consiste à plonger la plaque dans une dissolution d'acide chlorhydrique à 4 pour 100, et ensuite dans un bain de nitrate d'argent à 8 pour 100 ; cette préparation est très sensible à la lumière et permet d'opérer à la chambre noire en moins d'une minute : le développement s'effectue au moyen du protosulfate de fer, acidulé avec de l'acide tartrique, qui n'a pas d'action sensible sur la couche de gélatine.

« L'un des grands avantages de la gélatine sensibilisée, c'est de pouvoir l'employer à l'état sec : il suffit, pour cela, d'en laver la surface aussitôt après la sensibilisation, et de la laisser sécher spontanément à l'abri de la lumière photogénique ; sa sensibilité se conserve très bien, et l'impression s'en fait très promptement dans la chambre noire. La chose importante à observer, c'est, avant de développer l'image latente, de bien laisser tremper la plaque, pour que la gélatine se sature d'eau, car sans cela la faible dissolution de nitrate d'argent nécessaire à la venue du négatif salirait les clairs sous l'influence du révélateur. »

Les prévisions de Poitevin sur l'importance de la gélatine dans la constitution de la couche sensible se sont réalisées et ont pris corps, après lui, dans la plaque actuelle au gélatinobromure.

Ajoutons, avant de quitter cette partie des travaux de Poitevin, qu'il a aussi employé la couche de gélatine sensibilisée par les sels d'argent pour le tirage des épreuves positives, soit sur verre, soit sur papier.

IV

MÉMOIRES DE POITEVIN AU SUJET DES REPRODUCTIONS AU
MOYEN DE MATIÈRES ORGANIQUES BICHROMATÉES.

Nous voici arrivés à l'époque où Talbot présente à l'Académie sa
découverte de l'imperméabilité produite par la lumière sur la gélatine bichromatée, et son invention de la gravure sur acier. Ce phénomène attire l'attention de Poitevin et est pour lui une révélation
qui va l'engager dans une étude approfondie d'où sortiront plusieurs
applications des plus importantes.

« Vers la fin de 1854, m'occupant toujours des diverses
applications de la gélatine à la photographie, j'ai essayé
d'utiliser son gonflement dans l'eau, qui est d'environ six
ou sept fois son volume primitif, pour un procédé de gravure par moulage ; j'étudiai donc l'action de la lumière sur
l'albumine et la gélatine additionnées de bichromate de potasse, non pour faire mordre des planches métalliques, mais
pour y produire des dépôts galvanoplastiques partiels, ainsi
que je l'ai décrit précédemment.

« Je plongeai d'abord une planche de plaqué d'argent,
recouverte d'une couche de gélatine bichromatée, séchée et
impressionnée par la lumière à travers un dessin au trait,
dans un bain de sulfate de cuivre en rapport avec le pôle
négatif et mise en regard d'une plaque de cuivre d'égale
dimension en rapport avec le pôle positif d'une pile galva-
nique : j'observai que le dépôt de cuivre n'avait lieu qu'aux
endroits où la lumière n'avait pas agi sur la couche gélatino-
bichromatée, et cela avec une grande perfection. Je m'attendais à ce résultat, la dissolution de sulfate de cuivre ne
traversant la couche qu'aux endroits non insolés ; mais, ce
qui attira le plus mon attention, ce furent les reliefs et les
creux que portait la surface de la couche de gélatine au

sortir du liquide et qui formaient une gravure parfaite du dessin ayant servi d'écran ; l'idée me vint aussitôt de les utiliser pour le moulage. Je remarquai, en outre, qu'en encrant cette surface, l'encre grasse n'adhérait qu'aux parties impressionnées et non sur les reliefs, ainsi que je l'avais espéré ; d'un autre côté, je remarquai que la couche de gélatine avait contracté une adhérence extrême avec la plaque, par suite du dépôt de cuivre partiel qui s'était produit entre elle et la surface de la plaque ; je n'utilisai pas ce fait, mais il serait très utile aujourd'hui, où l'on imprime à l'encre grasse sur des couches de gélatine appliquées sur des plaques métalliques, surtout de cuivre rouge.

« J'avais également expérimenté les couches d'albumine bichromatée sur verre et sur plaques métalliques ; le résultat de ces expériences fut que l'albumine se dissolvait partout où la lumière n'avait pas agi, tandis qu'elle était devenue entièrement insoluble aux endroits non garantis de la lumière, ce qui me donna l'idée d'emprisonner ainsi une couleur quelconque insoluble pour obtenir des images photographiques inaltérables et à bon marché, puisque les sels d'argent et les virages à l'or seraient supprimés ; j'eus également l'idée de fixer ainsi les encres grasses sur le papier enduit d'albumine bichromatée, l'albumine insolubilisée retenant l'encre, tandis que celle restée soluble empêchait l'adhérence des corps gras ; ce qui me conduisit d'abord au tirage à l'encre grasse sur papier pour être transporté sur pierre lithographique, et directement ensuite à la photolithographie.

« J'expérimentai aussitôt ces trois nouveaux systèmes d'impression qui me fournirent immédiatement des résultats, et me firent penser, ainsi que cela s'est réalisé, qu'ils prendraient place parmi les anciens procédés d'impression ; ces systèmes sont : la gravure photographique par moulage ou Hélioplastie, la photographie au charbon et l'impression photographique aux encres grasses sur pierre, sur papier, etc... »

Le 27 août 1855, Poitevin prit deux brevets, en France et à l'étranger, d'une certaine importance.

Le premier se rapportait à l'Hélioplastie, et utilisait le gonflement par l'eau froide de la gélatine bichromatée, plus ou moins prononcé suivant que le mélange a été plus ou moins abrité de la lumière par les opacités du cliché ; cette surface était moulée au moyen du plâtre ou de la galvanoplastie. La priorité de cette invention fut contestée par Pretsch, de Londres, qui avait pris un brevet en Angleterre en novembre 1854 et en France le 1er juin 1855 pour l'application de moulages en gutta-percha et de procédés galvanoplastiques aux reliefs de la gélatine bichromatée ; ce procédé, sans doute dérivé des recherches de Talbot, différait sur plusieurs points de la méthode suivie par Poitevin. Mais ce dernier, voulant se consacrer exclusivement à l'exploitation et au perfectionnement du deuxième brevet ci-dessous, ne poursuivit pas son brevet de moulage et le laissa même bientôt tomber dans le domaine public.

Le deuxième brevet concernait les tirages au charbon et les impressions aux encres grasses sur papier et sur pierre : c'est celui-là que Poitevin chercha à exploiter à partir de 1855 (voir I).

En 1856 s'ouvrit le concours de Luynes ; le but en fut indiqué par M. Régnault, alors président de la Société française de Photographie, dans un exposé magistral (1), empreint de l'esprit d'analyse et de profond examen qui caractérisait le célèbre savant. Ce document doit trouver place ici, car il se rattache intimement à l'œuvre de Poitevin en établissant nettement la situation au moment où celui-ci se lançait dans la voie des tirages inaltérables.

« Une des applications les plus intéressantes de la photographie est la reproduction fidèle et incontestable des monuments et documents historiques ou artistiques que le temps et les révolutions finissent toujours par détruire. Depuis les immortelles découvertes de Niepce, Daguerre et Talbot, les archéologues se sont vivement préoccupés de cette importante application, qui doit fournir des éléments si précieux aux siècles futurs. Mais, pour que la photographie puisse réaliser les grandes espérances qu'elle a fait concevoir sous ce rapport, il faut, avant tout, que l'on soit certain de la conservation indéfinie des épreuves. Malheureusement, l'expérience de la première période photographique que nous venons de traverser est loin d'être rassurante à cet égard : beaucoup d'épreuves qui n'ont que quelques années d'existence sont aujourd'hui profondément altérées ; quelques-unes se sont complètement effacées. Les photographes, justement alarmés d'un état de choses qui compromet gravement le développement merveilleux que leur art a pris en si peu de temps,

---

(1) *Bulletin de la Société française de Photographie*, juillet 1856.

se livrent aujourd'hui, à l'envi, à la recherche des causes qui ont déterminé une altération si rapide, et des nouveaux procédés de tirage qui assurent une plus longue durée aux épreuves.

« Les sociétés photographiques ont enregistré, depuis quelques années, un grand nombre de procédés de fixage des épreuves positives, que leurs auteurs présentent comme devant en assurer la conservation indéfinie. Elles ont pu constater que des perfectionnements importants avaient été réalisés, en effet, par rapport aux premiers procédés de tirage auxquels on s'était arrêté ; et il y a lieu d'espérer que les efforts persévérants d'un si grand nombre d'opérateurs zélés, intelligents et instruits en amèneront prochainement de plus grands encore. Mais la conservation indéfinie des épreuves photographiques ne peut être prouvée que par l'expérience de plusieurs siècles ; les archéologues hésiteront à confier les sujets de leurs études à un art dont les produits ne leur présenteront pas des garanties suffisantes de durée, et ne se fieront pas aux promesses qui leur seront faites à cet égard, de quelque autorité qu'elles émanent, quand le temps n'aura pu en donner une consécration incontestable.

« La connaissance que nous avons aujourd'hui des propriétés physiques et chimiques des corps suggère des objections dont le temps pourra seul préciser la portée.

« Les éléments chimiques qui constituent le dessin d'une épreuve positive existaient, primitivement, à l'état de dissolution dans les liqueurs qui ont servi à la préparation photogénique des papiers. Ils sont donc solubles dans des réactifs chimiques appropriés, et, bien que l'on puisse admettre que, dans les conditions où les épreuves seront conservées, elles ne se trouveront pas exposées à des agents semblables, aucun chimiste ne peut assurer qu'une altération analogue de ces substances ne pourra pas être produite, dans la suite des temps, par des agents bien moins énergiques, que l'air pourra leur présenter, ou qui pourront se développer en quantité très minime dans les espaces où les épreuves séjourneront. D'un autre côté, les quantités pondérales des métaux qui forment les noirs et les demi-teintes de nos épreuves sont extraordinairement petites, elles sont fixées sur le papier par des affinités très faibles. Aucun métal n'est absolument fixe aux hautes températures de nos foyers : et, quelque faible que l'on veuille supposer leur tension de vapeur aux températures ordinaires, ne peut-on pas craindre que la vaporisation seule finira par les dissiper ? Les conditions dans lesquelles on conservera les épreuves dans les bibliothèques, c'est-à-dire reliées en livres ou superposées dans des cartons, ne faciliteront-elles pas cette altération, ainsi que plusieurs photographes ont cru le reconnaitre sur les épreuves fixées par les anciennes méthodes, en présentant à chacune des molécules métalliques un grand nombre de particules de papier, semblables à celle sur laquelle elle se trouve fixée, et qui peuvent en faciliter la diffusion.

« Le carbone est, de toutes les matières que la chimie nous a fait connaître, la plus fixe et la plus inaltérable à tous les agents chimiques aux températures ordinaires de notre atmosphère. Ce n'est qu'à des températures élevées, celle de la combustion vive, que le carbone disparaît en se combinant avec l'oxygène. La conservation des anciens manuscrits nous prouve que le charbon, fixé sur le papier à l'état de noir de fumée, se conserve sans altération pendant bien des siècles. Il est donc évident que, si l'on parvenait à produire les noirs du dessin photographique par le charbon, on aurait pour la conservation des épreuves la même garantie que pour nos livres imprimés, et c'est la plus forte que l'on puisse espérer et désirer.

« Depuis quelques années, bien des tentatives ont été faites pour transformer des épreuves photogéniques en planches pouvant servir au tirage d'un grand nombre d'épreuves par les procédés de la gravure ou de la lithographie. Si ces tentatives n'ont pas donné jusqu'ici un succès complet, si les épreuves qu'elles ont fournies sont inférieures, au point de vue artistique, à celles qui sont produites par les procédés photographiques ordinaires, on peut dire néanmoins que les résultats sont de nature à faire concevoir de grandes espérances, et l'on ne peut pas douter qu'ils ne se perfectionnent rapidement entre les mains des artistes habiles qui ne manqueront pas de se livrer à ce genre d'étude. La haute importance du but qu'il faut atteindre, et les bénéfices industriels qui peuvent en être la conséquence, stimuleront l'ardeur dans les diverses spécialités qui peuvent y concourir.

« C'est pour hâter ce moment tant désiré, où les procédés de l'imprimerie et de la lithographie permettront de reproduire les merveilles de la photographie, sans l'intervention dans le dessin de la main humaine, que M. le duc de Luynes, dont le monde scientifique a pu apprécier depuis longtemps le dévouement éclairé aux sciences et aux arts, vient de fonder un prix de 8,000 francs pour l'auteur qui, dans un délai de trois années, aura résolu ce problème d'une manière qui sera jugée satisfaisante par une Commission nommée à cet effet par la Société française de Photographie... »

En même temps, le duc de Luynes fondait un autre prix, de 2,000 francs, pour progrès à réaliser dans le tirage et la conservation des épreuves positives ordinaires, « soit par la découverte de nouveaux procédés, soit par une étude complète des diverses actions chimiques et physiques qui interviennent dans les procédés employés, ou qui influent sur l'altération des épreuves. » Ces concours étaient internationaux.

Poitevin avait présenté à la Société son procédé de photolithographie, et une Commission avait été nommée pour en faire l'examen. Le rapporteur, M. Balard, de l'Institut, émit une appréciation détaillée et d'un haut intérêt, qui donne une idée claire du procédé et permet d'en bien juger la valeur.

« ... Si on recouvre une pierre lithographique ordinaire d'une solution albumineuse mêlée de bichromate de potasse, et si on laisse ce liquide s'évaporer spontanément, l'albumine, si tant est qu'elle soit altérée dans sa nature, ne l'est pas dans sa solubilité, et un lavage à l'eau froide suffit pour enlever à la pierre la plus grande partie de la matière restée inaltérée et qui n'a pu la pénétrer. Mais expose-t-on cette surface ainsi conditionnée à l'action de la lumière traversant les parties inégalement transparentes d'un cliché négatif, une altération, qui n'est pas certainement une coagulation ordinaire, et à laquelle l'action oxygénante de l'acide chromique contribue sans doute, rend cette albumine insoluble et fait qu'elle reste ainsi sur la pierre en quantités d'autant plus grandes que l'action de la lumière a été plus intense. Ainsi modifiée, cette albumine repousse l'eau comme s'il s'était formé un corps gras... Dans cet état, elle se charge aisément d'encre grasse ordinaire, qui reste sans adhérence aux parties de la pierre où la lumière n'a pas agi. Si l'on passe alors sur cette surface un rouleau recouvert de cette qualité d'encre dans laquelle entre du savon, et que les lithographes appellent *encre de report*, celle-ci adhère aux points recouverts d'albumine impressionnée par la lumière, et non aux autres, et la pierre se trouve ainsi recouverte d'encre grasse disséminée en proportions variables comme elle l'aurait été par le crayon du dessinateur. En acidulant ensuite, en mouillant avec l'éponge, l'encre en excès disparaît. Le dessin s'égalise en lui faisant subir les opérations lithographiques connues, c'est-à-dire l'enlevage à l'essence et le réencrage au rouleau, et l'on n'a plus ensuite qu'à recouvrir cette pierre ainsi préparée d'une couche de gomme qui ne prend que là où il n'y a pas d'encre, et à la soumettre encore à l'encrage ordinaire et à l'acidulation pour obtenir autant d'exemplaires que si le dessin, dont la lumière s'est entièrement chargée, avait été fait avec le crayon et par les procédés connus de la lithographie.

« C'est ainsi que votre Commission a vu opérer M. Poitevin et reporter sur pierre des clichés qui ont été tirés avec un succès qui lui avait fait concevoir des espérances sérieuses. C'est, du reste, la seule chose dont elle aurait pu vous entretenir si elle eût fait son rapport à l'époque où elle vérifiait les observations de M. Poitevin. Mais, pour prouver que son procédé pouvait devenir pratique, il a eu le bon esprit de le mettre en œuvre et de lui donner ainsi la sanction d'un commencement d'exploitation régulière, qui est en définitive l'épreuve la plus sérieuse des inventions. Le procédé dont nous vous entretenons l'a heureusement subie, et M. Poitevin a déjà pu donner à quelques éditeurs des épreuves tirées par son procédé de photolithographie, qui ont été livrées au commerce, ou qui sont destinées à enrichir quelques publications... »

Suit le détail de ces publications et des principales épreuves exécutées.

« Tous ces résultats ont été, du reste, obtenus absolument sans retouche, sans aucune espèce d'intervention, dans le dessin, de la main humaine. Dans une de nos séances précédentes, M. Lemercier vous a dit qu'un tirage qui pouvait reproduire jusqu'à 100 épreuves commençait à devenir industriel. Ceux que M. Poitevin a exécutés ont bien dépassé cette exigence. La plupart ont été exécutés à 500 exemplaires, l'un d'eux a été amené jusqu'à 1,500 exemplaires, sans que la pierre en ait souffert ; on voit donc que le dessin photographique est aussi solide que le dessin à la main... »

En 1859, arrive l'échéance du concours de Luynes relatif aux papiers. Un certain nombre de papiers fondés sur l'emploi de matières organiques bichromatées et mélangées de charbon ou de poudres colorantes, ont été examinés et reconnus comme dérivant directement des procédés de Poitevin.

« En sorte, conclut le rapporteur M. Paul Périer (1), que, si M. Poitevin n'existait pas, chacun de ces Messieurs l'eût inventé... »

En conséquence une médaille d'or de 600 francs était accordée à Poitevin.

---

(1) *Bulletin de la Société française de Photographie*, mai 1859.

V

MÉMOIRES DE POITEVIN AU SUJET DU PROCÉDÉ AU CHARBON PAR SAUPOUDRAGE.

« Ce fut (1) en me livrant à l'étude du procédé d'impression au gallate de fer (encre ordinaire) et en me servant de l'action de la lumière sur le mélange de perchlorure de fer et d'acide tartrique que je remarquai que le papier, qui d'abord était devenu imperméable à l'eau après avoir été recouvert du mélange sensible et laissé sécher dans l'obscurité, redevenait perméable à l'eau seulement dans les endroits frappés par la lumière...

« Je pensai au parti que je pourrais tirer de l'observation toute nouvelle que je venais de faire, pour fixer les encres grasses et les couleurs en poudre.

« Cette réaction se produisant sur le papier était peu utilisable ; mais, en préparant avec ma dissolution de perchlorure de fer et d'acide tartrique des surfaces de verre dépoli, je vis le même fait se produire, et alors avec une perfection extrême. Je l'utilisai aussitôt (28 mai 1860). Je fis quatre épreuves, la première en poudre de bleu minéral ; je constatai une adhérence très régulière aux parties influencées, et surtout proportionnelle à l'intensité de l'impression lumineuse ; la deuxième épreuve fut faite avec du noir d'ivoire, la troisième avec du noir de fumée, et enfin la quatrième, qui réussit le mieux, avec de la poudre de plombagine. Je me mis depuis lors à travailler sérieusement ce nouveau procédé.

« Le 11 juin suivant, je déposai à ce sujet un paquet

---

(1) Traité de Poitevin.

cacheté à l'Académie des Sciences, et, le 28, je demandai à la Préfecture de la Seine un brevet qui me fut délivré le 10 août suivant.

« Le 28 juillet, je présentai à la Société française de Photographie des spécimens de ce nouveau mode d'impression, et, le 2 octobre, j'en faisais la description complète à cette Société.

« Depuis (1), M. Dumas m'a fait l'honneur de présenter en mon nom à l'Académie des Sciences un mémoire à ce sujet, avec des spécimens sur papier et vitrifiés. »

Le résultat de l'observation d'un simple détail d'expérience, que Poitevin avait su recueillir et développer, donnait ainsi naissance à tout un procédé. Nous en trouvons l'exposé, après perfectionnement, dans le Bulletin de mai 1861 : voici ce document :

« Les nouvelles épreuves que j'ai présentées à la Société ont été obtenues, dans ces derniers temps, par le procédé d'impression au charbon que j'ai eu l'honneur de lui communiquer au mois de novembre de l'année dernière, procédé par lequel j'emploie un mélange de perchlorure de fer et d'acide tartrique, qui a la propriété de devenir hygroscopique par l'action de la lumière.

« Depuis cette communication, je me suis appliqué à perfectionner mon mode d'opérer et à produire des blancs purs dont mes premières épreuves manquaient, ce qui dépendait surtout du noir en poudre que j'employais alors. Voici d'ailleurs les méthodes que j'emploie et les observations que j'ai faites depuis ; leur description pourra, je l'espère, suffire aux amateurs qui désireraient expérimenter et appliquer pour leur propre usage cette impression photographique aussi simple que peu dispendieuse.

« Pour préparer le liquide sensibilisateur, je dissous séparément, et chacun dans 30 centimètres cubes d'eau ordinaire, 10 grammes de perchlorure de fer du commerce et 5 grammes d'acide tartrique ; je filtre chaque solution, je les mélange ensuite, et j'y ajoute alors assez d'eau ordinaire pour avoir

---

(1) Comptes rendus, février 1861.

un volume total de 100 centimètres cubes. Cette dissolution étant conservée à l'abri de la lumière ne s'altère pas, et elle reste bonne jusqu'à son épuisement. On ne pourrait ajouter la dissolution d'acide tartrique à celle de perchlorure de fer avant filtration de cette dernière, parce que le perchlorure du commerce n'est jamais entièrement soluble, qu'il donne un dépôt de sesquioxyde de fer que l'acide tartrique dissout en fournissant un corps nuisible dans l'opération.

« J'opère de préférence sur des verres dépolis très fins, que l'on nomme *doucis* dans le commerce ; la surface en étant bien nettoyée, à la potasse si elle était grasse, puis à l'eau acidulée par de l'acide chlorhydrique, je la lave à l'eau ordinaire et l'essuie avec un linge, j'y passe un blaireau pour enlever les poussières, puis je verse dessus le liquide précité que j'étends au moyen d'un triangle en verre ou bien d'un pinceau ; je fais écouler l'excès du liquide et j'applique sur deux côtés opposés deux bandelettes de papier buvard, qui ont pour objet d'égaliser la couche de liquide qui se trouve sur le verre. Celui-ci, ainsi recouvert, est placé dans un endroit obscur et sec, sous une inclinaison de 45° environ, et je l'abandonne à une dessiccation spontanée pendant 12 heures au moins. On pourrait, pour opérer plus rapidement, se servir d'une étuve. Quelle que soit la manière que l'on ait employée pour opérer cette dessiccation, la surface doit être parfaitement sèche lors de son impression ; d'ailleurs, elle reste bonne pour l'usage pendant des mois entiers, pourvu qu'on conserve les plaques de verre préparées dans des boîtes à l'abri de la lumière et des poussières.

« L'impression a lieu par contact à travers le négatif qui doit être bien verni au copal, tout vernis gras ou gommeux étant nuisible. L'exposition à la lumière peut être de 5 minutes au soleil pour un cliché bien harmonieux et sans opposition de noirs et de clairs ; cette exposition varie selon l'intensité du cliché et la quantité de lumière. On peut d'ailleurs suivre la réaction, parce que la lumière décolore la couche, qui de jaune devient brun clair. Il vaut mieux pécher par un excès de pose qu'autrement, parce que l'on est toujours, jusqu'à un certain point, maître de la venue de l'épreuve lors de son développement ultérieur au moyen des poudres de charbon ou autres.

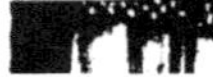

« Au sortir du châssis on peut mettre les plaques dans des boîtes, si l'on ne veut pas les terminer immédiatement, ou bien les laisser prendre dans l'obscurité la température ambiante ; alors l'humidité de l'air se porte sur les parties insolées, tandis que les autres restent parfaitement sèches. Alors, avec un blaireau très doux, j'y applique la poudre de charbon ; l'épreuve apparaît aussitôt en noir, et, à chaque passage d'une nouvelle quantité de noir, elle monte de ton, et je m'arrête lorsque je la juge suffisamment intense, ce dont je m'assure en plaçant la glace sur une feuille de papier blanc, le côté portant l'image en contact avec la feuille. Ce développement peut être interrompu et repris à volonté. Je l'effectue dans une chambre peu éclairée, l'obscurité n'étant pas indispensable. Lorsque l'épreuve est venue en noir, on peut y donner le ton que l'on désire au moyen d'une autre couleur en poudre qui se superpose au noir et se marie parfaitement avec lui. Si la plaque était parfaitement sèche avant l'impression, les parties non insolées refusent très bien le noir, mais il y adhère cependant une très faible quantité de poudre qui rendrait l'épreuve grise et lui ôterait toute la fraîcheur et le piquant que l'on recherche. Dans ces derniers temps, j'ai imaginé, pour obvier à cet inconvénient, un tour de main très efficace et qui est aussi heureux pour ce procédé que l'a été celui que M. Fargier a su apporter au premier procédé d'impression au charbon que j'avais fait connaître en 1855, et qui est basé sur l'emploi du charbon mélangé avec les matières organiques bichromatées. Le tour de main que j'ai imaginé, et qui me permet d'avoir des blancs aussi purs qu'on peut le désirer, consiste à soumettre l'épreuve entièrement venue sur le verre dépoli à un lavage, non pas avec un liquide, mais au moyen d'une poudre sèche et inerte, que l'on promène à la surface au moyen d'un tampon de coton ; du verre blanc pilé très fin, ou simplement du sable de Fontainebleau tamisé sont très bons. Les petits grains de cette poudre enlèvent parfaitement les particules de pulvérin qui grisonnent les blancs et les demi-teintes. Après ce lavage, on pourrait encore remettre du noir si l'on jugeait l'épreuve trop faible, quitte à laver à nouveau, et ainsi de suite.

« Comme je l'ai annoncé déjà, je reporte cette image de

verre sur du papier gélatiné ou gommé avec la plus grande facilité, en la recouvrant de collodion normal et assez fluide, lavant à l'eau ordinaire puis à l'eau acidulée d'acide chlorhydrique, et à nouveau à l'eau ordinaire, et y appliquant la feuille mouillée. Celle-ci se détache après une dessiccation spontanée en emportant la couche de collodion, qui elle-même entraîne le charbon.

« Avec un négatif ordinaire, c'est-à-dire renversé, on aura ainsi une image positive en sens inverse de l'original ; si l'on tient à l'avoir dans le véritable sens, il faudra se servir, comme je le fais pour l'impression photolithographique, d'un négatif redressé. Autrement, je fais un double report de papier à papier, c'est-à-dire que j'enlève d'abord l'image qui se trouve sur le verre, avec un papier non gélatiné et seulement mouillé, et que de celui-ci je la reporte sur une feuille de papier gélatiné ou gommé ; ces opérations se font avec la plus grande facilité, le collodion n'adhérant que très faiblement au verre. Avec du collodion de bonne qualité, c'est-à-dire assez tenace, je ne manque jamais un enlevage ; j'opère d'ailleurs très rapidement.

« Il est important de fixer à la gomme ou au vernis l'épreuve obtenue sur papier, surtout lorsqu'il n'y a eu qu'un enlevage simple ; car alors la poudre de charbon se trouve à la surface ; le vernissage n'est pas aussi nécessaire lorsque l'on a fait un double report, parce que dans ce cas la matière colorante se trouve entre le collodion et le papier.

« Je le répète, ce procédé est très sûr ; il est peu dispendieux, les matières premières étant peu chères, et les verres dépolis pouvant servir indéfiniment ; de plus, il a le grand avantage de permettre une préparation de glaces longtemps à l'avance, ce que l'on ne pourrait faire lorsqu'on opère avec les matières organiques bichromatées, qui ne peuvent se conserver impressionnables plusieurs jours après leur préparation. On ne finit également que les bonnes épreuves, puisque l'on peut à chaque instant juger de la réussite de l'opération ; et la partie la plus dispendieuse du procédé, c'est-à-dire la couche de collodion et le papier gélatiné, ne venant qu'en dernier lieu, on sera maître de les employer ou non en finissant l'épreuve. »

La netteté des images dépend de la finesse de la poudre employée : avec une poudre très fine, on peut obtenir de bons résultats. Ce procédé de saupoudrage est particulièrement utile pour la confection des émaux photographiques.

VI

MÉMOIRES DE POITEVIN AU SUJET DU PROCÉDÉ AU CHARBON
AVEC GÉLATINE SENSIBILISÉE PAR LE PERCHLORURE DE
FER ET L'ACIDE TARTRIQUE.

Lorsqu'une couche sensible est soumise à la lumière, les demi-teintes n'en impressionnent pas toute l'épaisseur, de sorte que, si l'effet consiste à rendre la couche insoluble, les portions qui sont en contact avec le support sous ces demi-teintes sont encore solubles et, se détachant ensuite par l'action du dissolvant qui pénètre jusque-là, entraînent en même temps toute l'épaisseur qui les recouvre. Ce fait, signalé pour la première fois par l'abbé Laborde en 1858 à propos d'un nouveau procédé de son invention à l'huile de lin rendue siccative par la litharge, s'applique également au bitume de Judée, et, en particulier, aux mélanges bichromatés. C'est Fargier qui a étendu l'observation à ces derniers en 1860, et qui a proposé le remède employé depuis : on supprime l'inconvénient en faisant agir le dissolvant sur la face opposée à celle qui a reçu la lumière ; pour cela, on éclaire au travers du support lui-même, c'est-à-dire par le dos de la couche sensible ; ou bien, on éclaire par l'endroit, comme d'habitude, et on transporte la couche sur un autre support avant de faire agir le dissolvant.

Poitevin trouve une autre solution : il emploie la lumière, non plus à insolubiliser une substance soluble, mais au contraire à rendre soluble une substance insoluble. Il indique comme il suit le détail du procédé (1).

« Le premier principe, celui que j'ai le plus suivi jusqu'à ce jour, repose sur une réaction connue, l'insolubilité communiquée aux matières organiques, gomme, albumine, gélatine, etc., par les sels de fer au maximum et

---

(1) *Bulletin de la Société française de Photographie*, février 1863.

analogues, le perchlorure de fer par exemple, et sur un fait nouveau que j'ai observé, c'est que cette matière coagulée et rendue insoluble dans l'eau froide ou chaude, *redevient soluble sous l'influence de la lumière*, en présence de l'acide tartrique qui, réduisant le composé ferrique, rend à la matière organique son état naturel. La gélatine est la substance dont l'emploi m'a le mieux réussi.

« Voici ma manière d'opérer : j'en fais fondre 5 à 6 grammes dans 100 d'eau et j'y ajoute une quantité suffisante de noir de charbon ou de toute autre couleur inerte, pour obtenir l'intensité de ton que je désire produire ; je verse cette dissolution dans une cuvette à fond bien plat, et entretenue à une douce température, pour que la gélatine ne se fige pas. Chaque feuille de papier est appliquée d'un seul côté sur cette dissolution, et une couche uniforme de gélatine colorée s'y applique ; je la pose ensuite sur une surface horizontale, la partie colorée au-dessus, et je l'y laisse sécher spontanément. Pour sensibiliser ces feuilles, je les imprègne des deux côtés de dissolution de perchlorure de fer et d'acide tartrique, faite dans la proportion de 3 à 1 ; 10 grammes de perchlorure de fer pour 100 centimètres cubes d'eau et 3 grammes d'acide tartrique étant les quantités qui m'ont paru les plus convenables. Je laisse sécher ces feuilles ainsi préparées dans l'obscurité ; alors la couche de gélatine est devenue complètement insoluble, même dans l'eau bouillante. J'impressionne ces surfaces à travers un positif sur verre ou sur papier, et, dans tous les endroits où la lumière agit, la couche redevient soluble dans l'eau chaude ; cette solubilité partant de la surface, bien entendu. Après quelques minutes d'exposition au soleil, si le cliché positif n'est pas très intense, ce qui est préférable pour ce genre d'impression, je retire la feuille de la presse, et je la plonge dans un bain d'eau chaude ; alors toutes les parties qui ont été modifiées par la lumière se dissolvent, et cela en proportion de la lumière qui aura traversé chaque partie du cliché positif. Dans les parties correspondantes aux clairs de l'écran, la couche noire ou colorée se dissoudra jusqu'à la surface même du papier, et en laissera voir le blanc parfait, tandis que dans les demi-teintes une partie seulement de la couche s'en va en partant de la surface, et ces demi-teintes seront rendues sur une épaisseur plus ou moins forte de la couche de gélatine restée insoluble ; et, comme cette partie est en contact immédiat avec le papier, elle ne peut être entraînée par le lavage : quant aux parties complètement noires de l'écran, elles seront rendues par l'épaisseur elle-même de la couche primitive. Pour terminer l'épreuve, il suffit de la laisser sécher ou seulement ressuyer, de la traiter par de l'eau aiguisée d'acide chlorhydrique, qui enlèvera la teinte du sel de fer, puis de la laver à grande eau et de la laisser à nouveau sécher spontanément ; elle est inaltérable, mais un tannage de la gélatine effectué par les moyens connus, alun, bichlorure de mercure, etc., lui donnera encore plus de solidité. Avant ce fixage, on peut faire des blancs, où l'on pourrait le désirer, au moyen d'un pinceau trempé dans de l'eau chaude.

« Dans ce procédé, on ne rencontre pas l'écueil qui se présentait dans celui que j'avais proposé en 1855, où j'employais une couche de gélatine additionnée de noir et d'un bichromate alcalin, et que j'impressionnais à travers un négatif, car alors, la gélatine étant rendue insoluble par la lumière à partir de la surface, les demi-teintes s'en allaient au lavage, minées en dessous par une portion de la couche restée soluble. La méthode que je propose aujourd'hui n'a plus cet inconvénient, et, pour obtenir par ce moyen des épreuves parfaites, il ne faut que du papier convenable, c'est-à-dire d'une surface lisse, recouvert d'une couche colorée d'une épaisseur bien régulière, et qu'il sera très facile de réaliser en pratique. Les épreuves que je présente n'ont pas été obtenues dans ces bonnes conditions, c'est pourquoi elles ne doivent être considérées que comme les produits d'une réaction nouvelle et les débuts d'un procédé.

« Quant au second principe, il n'est qu'une application nouvelle d'une réaction connue, la coagulation d'une matière organique en dissolution par un acide végétal ou un sel de fer. Voici en quoi il consiste : le papier imprégné de perchlorure de fer et d'acide tartrique dissous dans les proportions indiquées par mon mode d'impression sur verre, ayant été exposé à la lumière à travers un cliché positif, jouit de la propriété, dans toutes les parties qui n'ont pas été insolées, de précipiter à sa surface de la caséine en dissolution (celle du lait par exemple). Je mêle donc de la couleur en poudre à une dissolution de caséine, d'albumine, etc. ; j'y plonge le papier impressionné, et une couche plus ou moins épaisse se forme sur les parties non insolées et proportionnellement aux noirs et aux demi-teintes de l'écran ; si l'on remplace la caséine par de la gélatine, celle-ci se porte sur les parties insolées : dans l'un et l'autre cas, la matière organique entraîne avec elle une certaine quantité de couleur, la maintient emprisonnée et forme le dessin. Je reviendrai d'ailleurs plus tard sur cette réaction si facile à préparer, et je montre une épreuve ainsi obtenue. »

Comme on obtient ainsi un positif en partant d'un positif, cette méthode donne, en particulier, un moyen de copier directement des dessins et d'en reproduire les traits par une représentation inaltérable au charbon ou en couleur.

Poitevin passe de là à un procédé à l'encre grasse sur papier, qu'il fait connaître beaucoup plus tard (1), mais qui trouve logiquement sa place ici.

« Voici une propriété nouvelle et inédite, que j'ai reconnue à ces couches de gélatine insolubilisées, propriété dont je me sers pour obtenir immédiatement sur papier, et avec un cliché négatif, des épreuves positives à l'encre grasse, pouvant être reportées sur pierre lithographique ou sur planche de zinc pour l'impression à la presse mécanique, ou bien y être mises en relief pour l'impression typographique.

« Cette propriété consiste en ce que la gélatine, rendue insoluble par le perchlorure de fer et l'acide tartrique, et qui n'est pas redevenue soluble par l'action de la lumière à travers un cliché négatif, peut, lorsque l'image a été développée, reprendre sa solubilité dans de l'eau faiblement acidulée ou après un traitement préalable par de l'acide

---

(1) *Bulletin de la Société française de Photographie*, avril 1878.

chlorhydrique très étendu d'eau. J'opère donc de la manière suivante pour obtenir par ce nouveau moyen des épreuves à l'encre grasse : le papier gélatiné d'un côté seulement, avec de la gélatine légèrement teintée, pour mieux suivre l'opération, est appliqué des deux côtés successivement sur un bain à 10 pour 100 de perchlorure de fer et à 3 pour 100 d'acide tartrique, ou bien plongé pendant quelques minutes dans ce bain, puis suspendu par un angle et laissé sécher dans l'obscurité. Lorsqu'il est sec, je l'impressionne pendant quelques minutes au soleil, à travers un négatif photographique du dessin à reproduire. La couche impressionnée est alors traitée par de l'eau chaude qui dissout toutes les parties ayant reçu l'action de la lumière, et j'obtiens une épreuve négative, mais redressée, du dessin, puisque toutes les parties transparentes du cliché y sont représentées par le blanc du papier mis à nu. Après un lavage suffisant, j'abandonne la feuille à une dessiccation spontanée, et, au moyen d'un rouleau ou d'un tampon chargé d'encre grasse, ou mieux à la presse, je recouvre d'une couche continue d'encre grasse toute la surface de cette épreuve, je la plonge dans de l'eau légèrement acidulée, et ensuite dans de l'eau suffisamment chaude, qui dissout la gélatine partout où il en était resté, et fait disparaître en même temps l'encre grasse qui la recouvre, tandis que le corps gras, au contact immédiat du papier, y reste adhérent et forme une épreuve positive à l'encre grasse, dont on pourra faire usage, soit pour le report, soit pour la gravure, etc. »

Ce procédé est simple et à la portée de tous, puisqu'il suffit d'appliquer l'encre grasse au tampon. Il mérite d'être repris et étudié à nouveau, en particulier par les amateurs : il donne un positif en partant d'un négatif, ce qui n'oblige pas, comme dans la méthode précédente, à tirer d'abord un positif sur verre.

VII

MÉMOIRES DE POITEVIN AU SUJET DE LA PHOTOGRAPHIE DES COULEURS SUR PAPIER.

La question de la photographie des couleurs, qui s'adressait à de nouvelles réactions, ne pouvait laisser Poitevin indifférent ; il voulut faire pour le papier ce qu'Ed. Becquerel et Niepce de Saint-Victor avaient fait pour la plaque d'argent. Ses essais sont exposés dans les deux notes suivantes ; la première (1) indique comment s'emploie le sous-chlorure d'argent violet, la deuxième (2), comment on forme celui-ci.

« Depuis longtemps, on a remarqué que le sous-chlorure d'argent violet jouit de la propriété de se colorer selon certaines couleurs du prisme. M. Ed. Becquerel, dès 1848, en opérant sur une couche de sous-chlorure, formée soit par trempage, soit par la pile, sur une plaque d'argent, nous a enseigné et prouvé que l'on pouvait y reproduire toutes les couleurs du spectre ainsi que l'image formée au foyer de la chambre noire.

« En étudiant cette même question, mais au point de vue de son application à la photographie en couleurs naturelles sur papier, j'ai cherché si l'action de la lumière, très lente et presque nulle sur le chlorure d'argent violet formé à sa surface, ne serait pas facilitée et rendue plus complète en mettant le sous-chlorure en présence de substances modifiables elles-mêmes par la lumière. Les corps réducteurs, c'est-à-dire ceux qui absorbent et se combinent chimiquement avec le chlore, n'ont rien produit ; il n'en a pas été de

---

(1) *Bulletin de la Société française de Photographie*, janvier 1866.
(2) *Id.*, décembre 1866.

même avec les corps qui fournissent soit de l'oxygène, soit du chlore, ou de leurs composés, etc., pourvu toutefois qu'ils n'agissent pas spontanément sur le sous-chlorure violet. Les bichromates alcalins, l'acide chromique libre, ainsi que l'azotate d'urane, m'ont donné de bons résultats. Il en serait sans doute de même avec le nitrate d'argent, si, en se décomposant, il ne se colorait lui-même en noir.

« Après d'assez longs essais, je suis parvenu à produire une réaction que je crois capable de certaines applications. En effet, le sous-chlorure violet, qui, sur papier ou sur couche de collodion, ne se colore que très lentement et très incomplètement aux rayons solaires traversant un écran ou dessin transparent et diversement coloré, est au contraire modifié assez promptement, même à la lumière diffuse, lorsqu'on l'a préalablement recouvert d'une dissolution d'un bichromate alcalin, etc., de sorte qu'il devient blanc dans la lumière blanche, et prend des couleurs analogues à celles des divers rayons qui agissent sur lui.

« Désirant signaler le fait que je crois nouveau, c'est-à-dire l'action simultanée des sels oxygénés et de la lumière sur le sous-chlorure violet, et son application à la reproduction des couleurs par la photographie, voici, sans aucune explication théorique, le procédé qui m'a fourni les épreuves naturellement colorées que j'ai l'honneur de présenter à la Société de Photographie.

« Du papier photographique étant préalablement recouvert d'une couche de chlorure d'argent violet, j'applique à sa surface, et au moyen d'un pinceau, un liquide formé par le mélange de 1 volume de dissolution aqueuse à 5 pour 100 de bichromate de potasse, 1 volume de dissolution à saturation de sulfate de cuivre, et 1 volume de dissolution à 5 pour 100 de chlorure de potassium ; je laisse sécher ce papier et je le conserve à l'abri de la lumière : il peut rester bon pour l'emploi pendant plusieurs jours. Ici, le bichromate de potasse est l'agent principal ; il pourrait être remplacé par un autre bichromate soluble, ou par l'acide chromique, etc. Le sulfate de cuivre semble faciliter la réaction, et le chlorure de potassium conserver les blancs formés, mais ils ne sont pas absolument indispensables.

« A travers des peintures sur verre, l'exposition à la lumière directe n'est que de 5 à 10 minutes ; elle est proportionnelle au plus ou moins de transparence des clichés ou écrans colorés.

« L'impression se fait par contact dans le châssis-presse, ce papier n'étant pas encore assez sensible pour l'employer utilement dans la chambre noire ; mais, tel qu'il est, on peut obtenir des images en couleur par projection dans l'appareil d'agrandissement ou mégascope solaire.

« En employant le papier humide, il est plus sensible ; les acides ajoutés à la dissolution sensibilisatrice agissent de même. Pas plus que les images en couleurs obtenues déjà sur plaqué par M. Becquerel et par ceux qui ont suivi sa méthode, les épreuves en couleur que je fais sur papier ne sont absolument stables à la lumière blanche. Pour les conserver dans un album ou à la lumière diffuse, il suffit de les laver à l'eau faiblement acidulée par de l'acide chromique, de les traiter ensuite par de l'eau contenant du bichlorure de mercure, de les laver à l'eau chargée de nitrate de plomb, et enfin à l'eau. Dans cet état, elles ne s'altèrent pas à l'abri de la lumière, mais elles brunissent à la lumière directe du soleil.

« Je dois dire que j'ai constaté que cette réaction se produit parfaitement sur une couche de collodion appliquée sur verre et chargée de chlorure violet. Le papier gélatiné ou albuminé n'est pas d'un bon emploi, le composé argentico-organique qui se forme dans ce cas étant, à ce qu'il paraît, nuisible ; la gomme et les corps analogues, au contraire, ne nuisent pas. Je reviendrai plus tard sur ce sujet, ainsi que sur la préparation spéciale de la couche de sous-chlorure violet qui me réussit le mieux. »

A l'appui de cette communication, l'auteur montra un grand nombre d'épreuves de grandes dimensions en plusieurs couleurs.

D'après l'étude que j'ai faite au sujet de l'action insensibilisatrice exercée par l'encre sèche (1), la stabilité plus grande donnée aux couleurs par les substances chlorurantes ou oxydantes dont se servait

______

(1) *Bulletin de la Société française de Photographie*, 15 juillet et 15 décembre 1895.

Poitevin provient de ce que l'hydrogène de la matière organique (papier), se combinant en partie avec le chlore ou avec l'oxygène de ces substances, n'est plus entièrement disponible pour réduire ensuite les sous-chlorures qui forment les couleurs.

Voici comment Poitevin décrit le mode qu'il emploie pour la préparation de la couche de sous-chlorure d'argent violet.

« Si je n'ai pas, dès le principe, donné cette préparation, c'est qu'une seule méthode me réussissait et que j'en cherchais d'autres, meilleures peut-être. Après bien des essais, je suis porté à croire que ma première préparation est encore la préférable, et celle qui donne le mieux les couleurs naturelles. Voici cette préparation ; elle date du 10 août 1865. Je forme à la surface du papier photographique non albuminé une couche de chlorure d'argent ordinaire, en appliquant chaque feuille, et d'un seul côté, sur un bain de chlorure de sodium à 10 de sel pour 100 d'eau ; après dessiccation, je l'applique sur du nitrate d'argent à 8 pour 100 ; j'arrive au même but en recouvrant, au moyen d'un large pinceau, l'un des côtés du papier d'une couche d'un mélange de dissolutions de bichromate de potasse à saturation et de sulfate de cuivre à 10 pour 100, fait à volumes égaux ; je laisse sécher la feuille dans l'obscurité, puis j'applique la surface préparée sur le bain de nitrate d'argent ; il se forme du chromate d'argent, je lave à grande eau pour enlever l'excès de nitrate, et j'ajoute à la dernière eau de lavage et goutte à goutte de l'acide chlorhydrique ordinaire, jusqu'à ce que le chromate rouge soit transformé en chlorure d'argent blanc. Ces deux moyens de préparer la couche de chlorure d'argent sont également bons. Pour obtenir le sous-chlorure violet, je verse dans la cuvette contenant la feuille de papier immergée dans l'eau une petite quantité de dissolution de protochlorure d'étain à 5 pour 100 d'eau ordinaire ; il en faut environ 20 centimètres cubes par feuille entière. J'expose alors, et sans la retirer du bain, la feuille à la lumière, à l'ombre plutôt qu'au soleil ; sa surface se teinte promptement, et, après 5 à 6 minutes, elle a acquis la teinte violet foncé voulue. Il ne faudrait pas laisser davantage agir la lumière, car on obtiendrait un ton noir-grisâtre impropre à l'héliochromie. Après l'action de la

lumière, je lave la feuille à plusieurs eaux, et je la laisse
sécher dans l'obscurité. Dans cet état, elle est très peu sensible à l'action de la lumière, et elle peut être conservée
pendant très longtemps, ce qui permet d'en préparer un
certain nombre à l'avance, pourvu qu'on les conserve dans
l'obscurité.

« Lors de la description de mon procédé héliochromique,
j'ai dit comment je rendais la couche de sous-chlorure violet
apte à recevoir l'impression des couleurs naturelles, je n'y
reviendrai pas ; je dois seulement dire que les nombreuses
expériences que j'ai faites depuis m'ont appris que les
épreuves en couleur qui se conservent le mieux, car j'en ai
qui datent de plus d'une année, sont celles pour lesquelles
je n'ai employé que le mélange de bichromate de potasse
et de sulfate de cuivre comme sensibilisateur ; le chlorure
de potassium, ou tout autre chlorure, donne de la rapidité,
mais il a l'inconvénient de reconstituer dans les blancs du
chlorure d'argent ordinaire qui se teinte plus ou moins pendant l'opération et qu'on ne peut ensuite faire disparaître.
J'ai reconnu aussi que le meilleur fixateur est de l'eau légèrement acidulée par de l'acide sulfurique, ou bien une dissolution très diluée de bichlorure de mercure également
acidulée par de l'acide sulfurique. L'eau acidulée dissout
certains composés d'argent qui se sont formés sur les endroits
insolés, et, après lavage et dessiccation dans l'obscurité,
l'image en couleur n'est presque plus sensible à la lumière ;
on peut la conserver sans altération dans un carton ou un
album, et même la regarder à la lumière diffuse et surtout
à la lumière artificielle, sans aucun inconvénient. »

Poitevin aurait pu ajouter que l'acide sulfurique a aussi pour effet
de former du sulfate d'argent, insensible à la lumière.

Il avait créé la photographie des couleurs sur papier, mais n'obtenait ainsi qu'une insensibilisation relative, encore insuffisante pour
rendre ce procédé pratique.

COUP D'ŒIL SUR LA SUITE DONNÉE AUX DIFFÉRENTS PROCÉDÉS

I. IMAGES DE LA CHAMBRE NOIRE.

Type positif unique. — Le procédé de Nicéphore Niepce au bitume de Judée n'a eu de suite qu'en ce qui concerne l'application aux reproductions par impression (voir ci-après). La formation de l'image positive sur métal ou sur verre dans la chambre noire était trop longue pour être utilisée et devait céder la place à des moyens plus rapides.

Le daguerréotype reçut bientôt deux perfectionnements importants. La réduction de la durée de pose fut réalisée par l'emploi du brome ; Claudet en Angleterre, au moyen du bromure d'iode, Fizeau (1841) en France, en soumettant la plaque iodurée à la vapeur d'une dissolution d'eau bromée, formaient un mélange d'iodure et de bromure d'argent, dont la sensibilité était de beaucoup supérieure à celle de l'iodure seul. La dorure de la plaque, due également à Fizeau (1840), donna de la vigueur et de la solidité aux images ; cette dorure s'exécutait par le chauffage d'une dissolution de chlorure d'or dans l'hyposulfite sur la plaque.

Malgré ces perfectionnements, le daguerréotype n'a pas survécu en présence des papiers et des couches sensibles qui ont succédé à ceux-ci. C'est que, en plus de l'inconvénient du type unique, il en présentait d'autres : miroitage, disposition inversée, commune d'ailleurs à tous les types positifs directs, complication et délicatesse des manipulations, prix élevé, etc. Toutefois, il peut encore rendre service dans certains cas en raison de sa finesse extraordinaire et de l'absence de déformations.

Dans cette catégorie figure aussi le papier de Bayard à reproduction positive directe. Il a été utilisé par plusieurs opérateurs pendant la période de l'emploi du papier dans la chambre noire. Aujourd'hui encore on s'en sert pour des applications particulières.

Cliché négatif. — Le procédé du papier calotype de Talbot, qui faisait entrer la photographie dans une voie pratique par la création du cliché négatif et par la réduction de la durée de pose, fut popularisé en France par Blanquart-Évrard, qui simplifia les opérations, puis par un grand nombre d'imitateurs qui donnèrent bientôt à la méthode une rapide extension.

Mais le papier manque d'homogénéité, donne du grain par transparence, enlève les finesses. Le cirage du papier, dû à Legray, diminua ces inconvénients et réalisa un progrès sérieux.

L'albumine sur verre, de Niepce de Saint-Victor, fit disparaître ces défauts ; seulement, elle s'impressionnait lentement. Taupenot y remédia en associant le collodion à l'albumine.

En 1849-50, Legray émit l'idée d'appliquer le collodion sur verre, de le sensibiliser dans les bains d'iodure de potassium et de nitrate d'argent, et de le soumettre ensuite à la réaction du sulfate de fer pour développer l'image latente. Puis Archer et Fry, par leurs indications et leurs essais, rendirent le procédé pratique. La sensibilité, déjà très notable, fut encore accrue ensuite par l'introduction de bromure.

Le collodion humide ainsi préparé donnait des résultats rapides et très fins ; malheureusement, il présentait un inconvénient grave qui le restreignait à l'atelier : nécessité de l'employer humide et de développer l'image aussitôt après l'impression lumineuse.

On pensa alors au collodion sec, qui devait faciliter la photographie en dehors de l'atelier et être très utile aux voyageurs et aux touristes. Mais il était beaucoup moins sensible, parce que le nitrate d'argent, auquel le collodion humide devait surtout sa sensibilité, était enlevé par des lavages ; sa présence dans la couche après dessiccation aurait amené une cristallisation nuisible et diminué beaucoup la durée de conservation. Il fallut donner de la densité aux images en ajoutant au collodion sec une matière organique : gélatine, albumine, sirop, gomme, tanin, résine, miel, sucre, etc., qui jouait le rôle de préservateur ou de sensibilisateur. Notons, en particulier, le collodion au tanin, du major Russell, qui fut très employé, et qui acquit une grande rapidité par l'addition d'ammoniaque et par le développement à chaud.

Là, comme dans les procédés précédents, le brome vint encore augmenter la sensibilité ; après être entré d'une façon timide et en faible proportion dans le collodion sec, il finit par en chasser entièrement l'iode.

En 1871, on revint à la gélatine de Poitevin, et, en 1878, Bennett parvint à augmenter considérablement la sensibilité en se servant d'une émulsion de gélatine et de bromure d'argent soumise à une maturation qui rendait moins stable son équilibre moléculaire. Nous arrivons ainsi au gélatinobromure actuel, auquel il suffit de quelques centièmes ou même millièmes de seconde pour recevoir l'impression lumineuse, et qui contribue à donner à la photographie l'importance considérable que nous lui voyons prendre aujourd'hui.

En même temps que la couche sensible passait par ces transformations, l'acide gallique employé comme révélateur par Talbot cédait la place à d'autres plus énergiques, tels que l'acide pyrogallique, d'abord seul, puis associé à un alcalin, ensuite le sulfate de fer, et les nombreux révélateurs actuels.

De même, la lentille simple employée par Nicéphore Niepce dans ses chambres noires primitives, fut remplacée par les objectifs de Chevalier ; et l'optique photographique, qui n'est pas à étudier ici, parvint peu à peu à l'état actuel.

II. ÉPREUVES POSITIVES.

Papiers aux sels d'argent. — Les papiers sensibilisés soit par le nitrate d'argent seul (Wedgwood-Davy), soit par un mélange de chlorure et de nitrate (Nicéphore Niepce, Talbot), ne furent plus employés que pour le tirage des épreuves positives à partir du moment où Talbot inventa son calotype. Leur impression est, en effet, plus longue que celle des couches sensibles qui se sont succédé depuis.

Il restait à en faire une étude complète.

Dans un travail considérable, qui n'a pas duré moins de dix ans (1854-64), MM. Davanne et Girard ont établi par une analyse méthodique les causes qui font varier la coloration, la netteté, l'intensité, la solidité des images ; ils ont indiqué aux opérateurs les circonstances les plus favorables dans lesquelles on doit se placer pour obtenir les résultats les meilleurs et les plus durables ; pour cela ils ont étudié séparément le rôle des différents papiers, de l'encollage, des bains chlorurants, de la sensibilisation, du virage par les sels d'or, du fixage, etc. Ils sont arrivés à cette conclusion : « Une épreuve bien lavée et fortement virée ne passe pas ; l'altération n'est pas la destinée normale des épreuves ; c'est un sort accidentel qu'il est toujours facile de leur épargner. »

Dans les papiers dits aristotypes, on a donné plus d'intensité et de finesse aux images en recouvrant le papier d'albumine, ou de gélatine, ou de collodion.

On emploie aussi sur le papier bromure émulsionné dans la gélatine ; on développe alors comme avec le gélatinobromure sur verre.

Papiers au charbon. — Les procédés de Poitevin qui permettent d'obtenir des épreuves au charbon sur papier par mélange de charbon ou de poudre colorée avec la gélatine bichromatée ont donné lieu, après l'observation de Fargier sur la nécessité de développer du côté opposé à celui de l'impression lumineuse, aux méthodes par simple ou double transfert d'un support sur un autre. Mais on peut aussi se passer de cette complication, par exemple en employant le papier charbon-velours d'Artigue ou en se servant de gomme bichromatée dans laquelle on incorpore la matière colorante.

Le papier au citrate de fer de Garnier et Salmon, le papier au perchlorure de fer et à l'acide tartrique que Poitevin

recouvrait de poudre ou d'encre grasse après l'action de la
lumière, etc., sont encore utilisables (1).

Papiers industriels. — Les recherches de Niepce de Saint-
Victor et de Poitevin sur les substances sensibles à la lumière, en particulier sur les sels de fer, l'azotate d'urane,
etc., ont donné lieu à bon nombre de papiers propres aux
tirages industriels.

Entre autres, citons : le papier négatif Marion-de Motileff,
au prussiate rouge de potasse et citrate de fer combinés
(1863), produisant des images bleues qui virent au violet
noir par un traitement par la potasse puis par l'acide gallique ; le papier positif (Pellet) dit au cyanofer, au perchlorure de fer traité ensuite par le prussiate jaune de potasse
et par l'eau acidulée avec l'acide chlorhydrique. D'autres
réactions précitées peuvent encore servir.

III. IMPRESSIONS.

Bitume de Judée. — Le bitume de Judée de Nicéphore
Niepce, repris par Niepce de Saint-Victor avec le concours
de M. Lemaître, et sur pierre par MM. Lerebours, Lemercier,
Bareswil et Davanne, est encore employé aujourd'hui soit
pour former des planches de gravure sur cuivre et sur zinc,
soit, plus simplement, pour des tirages lithographiques ;
citons, en particulier, la zincographie.

Daguerréotype. — Peu de temps après la découverte de
Daguerre, M. Donné d'abord, M. Fizeau ensuite en France,
M. Grove en Angleterre, firent des essais pour transformer
la plaque daguerrienne en une planche de gravure propre à

------

(1) Pour l'historique et le détail des différents procédés au charbon, voir
mon ouvrage intitulé : *Les papiers photographiques au charbon* (Gauthier-Villars, 1898), avec documents originaux.

tirer des épreuves. Poitevin travailla aussi cette question. On y a renoncé devant la complication des moyens, et par suite de la possibilité d'impressionner une planche métallique au travers d'un cliché.

Procédés au bichromate. — Les travaux de Poitevin sur le bichromate de potasse ont donné naissance à un grand nombre de procédés qui permettent d'arriver à l'impression par les différentes voies suivantes.

La gélatine bichromatée et impressionnée est traitée par l'eau froide ; il en résulte des creux correspondant aux parties insolubilisées par la lumière, et des reliefs correspondant aux noirs du cliché. On les utilise par moulage et galvanoplastie.

La gélatine bichromatée et impressionnée est traitée par l'eau chaude ; les parties non éclairées se dissolvent et forment des creux. Après dessiccation, une feuille de métal mou est pressée contre le relief ; en moins d'une minute, on a ainsi un moule en creux dans lequel on verse de la gélatine colorée ; on étend une feuille de papier sur cette gélatine et on retourne ; les différents degrés d'épaisseur de la couche donnent des teintes plus ou moins foncées. C'est le procédé de Woodbury, ou photoglyptie, appelé aujourd'hui photoglyptographie d'après la règle du dernier Congrès photographique.

La gélatine bichromatée, dépouillée à l'eau chaude comme ci-dessus, retient sur les reliefs, qui sont seuls en gélatine, l'encre grasse passée avec un rouleau. C'est la phototypie, aujourd'hui photocollographie.

L'albumine ou la gomme, bichromatée et impressionnée, sur pierre ou métal, est lavée à l'eau froide ; les parties non impressionnées sont enlevées ; si on passe le rouleau d'encre grasse, la matière organique des reliefs retient seule l'encre. C'est la photolithographie quand on emploie la pierre, ou la photozincographie si l'on se sert de zinc.

La matière organique bichromatée et impressionnée est lavée comme ci-dessus, et les parties débarrassées sont mordues par un acide. On arrive ainsi à la photogravure en creux ou en relief et à la phototypographie. Dans ces procédés figure la méthode de Talbot par morsure au moyen du perchlorure de platine ou de fer. L'emploi des réseaux a permis de reproduire les demi-teintes.

La variété et l'importance de ces procédés montrent quel rôle considérable joue le bichromate en photographie par les ressources qu'il apporte aux reproductions inaltérables et à l'illustration du livre.

Telles sont, dans leurs grandes lignes, les principales conséquences des travaux auxquels les grands créateurs de la Photographie ont consacré leur existence. Ce rapide coup d'œil montre sommairement comment en sont sortis, par des transformations plus ou moins sensibles, les procédés usuels qui rendent actuellement de si grands et si variés services. En prenant connaissance des documents originaux et des éclaircissements qui y sont joints, le lecteur aura pu se convaincre que ces premiers travaux sont moins arriérés et plus complets qu'on le croit généralement d'après des indications insuffisantes et très souvent erronées, et que, en dehors de l'intérêt historique et philosophique, ils contiennent quantité de renseignements et de matériaux peu ou pas connus dont on trouve encore aujourd'hui l'utilisation.

TABLE DES MATIÈRES

NIEPCE DE SAINT-VICTOR.

POITEVIN.

COUP D'ŒIL SUR LA SUITE DONNÉE AUX DIFFÉRENTS PROCÉDÉS.

CHARTRES. — IMPRIMERIE DURAND, RUE FULBERT.